Killer, Künstler, Kellerleichen

Für
meine Eltern und
Susanne und Annika

und für
Marc J. Colavincenzo
partner in crime, co-reader, friend

Arnd Federspiel

Killer, Künstler, Kellerleichen

Kriminalerzählungen

SCHÜREN

Bibliografische Information der Deutschen Nationalbibliothek
Die Deutsche Nationalbibliothek verzeichnet diese Publikation
in der Deutschen Nationalbibliografie;
detaillierte bibliografische Daten sind im Internet über
http://dnb.d-nb.de abrufbar.

Schüren Verlag GmbH
Universitätsstr. 55, D-35037 Marburg
www.schueren-verlag.de

Druck: Majuskel Medienproduktion, Wetzlar
ISBN 978-3-89472-222-7

Kellerleichen

I.

Als ich an jenem kalten aber wunderbar sonnigen Oktobermorgen, einem Samstag, den kleinen Weinladen am Rande der Fußgängerzone betrat, konnte ich noch nicht ahnen, dass ich bereits wenige Minuten später bis zum Hals in einem neuen Fall stecken würde. Dabei sah alles zunächst so rosig aus.

Leise klingelte ein Glöckchen über meinem Kopf, während die Tür zum Laden hinter mir zufiel. Gleichzeitig überschwemmte mich ein angenehmer Geruch, eine Mischung aus Holz und ... nun Wein, natürlich. Licht durchflutete den vielleicht sechzig Quadratmeter großen Raum, an dessen Wänden unzählige Flaschen aus aller Herren Länder in bis fast zur Decke reichenden Regalen auf ihre Käufer warteten. An der dem Eingang gegenüberliegenden Wand befand sich links ein Verkaufstresen, der jedoch im Moment nicht besetzt war.

„Einen kleinen Moment bitte. Ich komme sofort. Muss nur noch mal schnell in den Keller!“ erklang eine Stimme, in der ein leichter Akzent mitschwang, aus dem Durchgang zu den hinter dem Laden gelegenen Räumlichkeiten.

„Ist okay“, rief ich zurück. „Ich schaue mich schon mal um.“

Nicht, dass das viel bringen würde, denn von Wein verstand ich so gut wie nichts. Sagte ich „so gut wie“? Okay, streichen Sie das. Zugegebenermaßen habe ich aber auch nicht die leiseste Ahnung davon. Das Einzige, was ich zu Wein sagen kann ist, ob er mir schmeckt oder nicht.

Trotzdem wollte ich an jenem Morgen einen besonders guten Tropfen kaufen – zur Feier des Tages, denn mein Chef und ich hatten vorgestern Abend erfolgreich einen Fall zum Abschluss gebracht. Einen Fall, der den Kontostand meines Bosses nicht unwesentlich hatte ansteigen lassen und der mir einen ordentlichen Bonus eingetragen hatte.

„Ein Grund zum Feiern", hatte Julius Lotz, mein oben erwähnter Brötchengeber, beim Frühstück zu mir gesagt, während er einen weiteren Toast zwischen seinen mächtigen Kiefern zermalmte. Ich ignorierte die kleinen Krümel, die dabei durch die Luft tanzten und fragte: „Und wie wollen Sie feiern?"

Wie gewöhnlich in Fällen, in denen ich eine zumindest in seinen Augen höchst überflüssige oder dumme Frage stellte, verdrehte Lotz die Augen und schaute mich dann mit einem Blick an, den er außer für mich nur noch für mental stark minderbemittelte Wirbeltierchen reserviert hatte.

„Mein Gott", sagte er dann. „Manchmal muss ich doch an Ihnen zweifeln."

Ich zuckte die Achseln. Ich war sowohl sein Verhalten als auch die damit verbundenen Verbalattacken gewöhnt. Eine Weile bohrte sich sein Blick in meine Augen, denn offensichtlich erwartete er eine weitere Reaktion meinerseits. Da mir dies aber durchaus bewusst war, ließ ich ihn schmoren: Ich wollte auch meinen Spaß haben. Und so sah er sich schließlich bemüßigt, in seinem besten schulmeisterlichen Ton ein einziges Wort auszustoßen:

„Wein!"

„Aha", sagte ich.

„Jawohl", stieß er hervor und hob dozierend den Finger. „Und nicht nur irgendeinen Wein, sondern etwas Besonderes. Lassen Sie es sich also nicht einfallen mit irgendeiner saft- und kraftlosen Plörre von Aldi, Plus oder Minimal wieder hier aufzutauchen."

Ich nickte verstehend. Wenn diese ansonsten völlig untadeligen Lieferanten für die körperlichen Bedürfnisse der Menschheit also ausfielen, blieb nur die *Weinrebe*, der Ort für den gehobenen Geschmack in Sachen Rebensaft in unserem kleinen, aber abwechslungsreichen Gießen, das gerne auch die „Metropole Mittelhessens" genannt wird – zumindest vom Magistrat unserer Stadt. Beim schnöden Rest der Menschheit scheint sich diese Sichtweise allerdings noch nicht völlig durchgesetzt zu haben.

Aber wie dem auch sei – die *Weinrebe* sollte und musste es sein. Mit dem Ergebnis, dass ich jetzt mit Adleraugen aber völlig unbeleckt von aller Sachkenntnis durch den erwähnten Laden schlich.

Bis der Schrei ertönte.

Ich konnte nicht alles verstehen, doch für mich hörte er sich in etwa an wie: „Oh crap! Oh Jesus Fucking Christ, I don't believe it. Holy shit!"

Noch bevor das Gezeter ein Ende fand, war ich schon in Bewegung. In Sekundenschnelle stand ich in den hinteren Räumlichkeiten, aus deren Richtung der Schrei erklungen war – der Hauptraum ein kleines Lager, links davon eine winzige Büro-Küchen-Mischung mit Spüle, Kühlschrank, Schreibtisch und einer für einen Laden dieser Größe erstaunlichen Anzahl Aktenordnern. In beiden Räumen war allerdings kein Mensch zu entdecken. Woher war also der Schrei gekommen?

Und dann sah ich die offene Tür im hinteren Teil des Lagers.

Die mit dieser Entdeckung verbundene Schlussfolgerung drängte sich förmlich auf und so stürzte ich durch die Tür, nur um mich in einem Treppenhaus wiederzufinden. Einen Moment lang stutzte ich, doch dann fiel mir ein, dass der Mensch in den hinteren Räumen mir zugerufen hatte, dass er in den Keller wollte. Folglich wählte ich die Treppe nach unten.

Mehrere Stufen auf einmal nehmend erreichte ich schließlich halb rennend, halb springend einen schmalen Gang mit rau verputzten Wänden und altertümlichen, aber sehr robust wirkenden Holztüren, die augenscheinlich in die einzelnen Kellerabteile führten. Eine dieser Türen stand sperrangelweit offen und gab den Blick frei auf einen von mir abgewandt dastehenden jungen Mann, dem ich jedoch zunächst kaum Beachtung schenkte. Dafür konnte sich die zu seinen Füßen liegende Leiche meiner ungeteilten Aufmerksamkeit rühmen.

Nun werden Sie sagen: Wenn man einen lebenden Menschen über einer Leiche stehen sieht, dann sollte man doch annehmen, dass man Letzteren mit einigem Interesse betrachtet, könnte es doch sein, dass er sich als Mörder entpuppt und man selbst das nächste Opfer ist, da man etwas gesehen hat, das man nicht sehen sollte – nämlich den Täter.

Dieser Gedankengang erübrigte sich in diesem Falle jedoch, denn das Opfer war ganz offensichtlich schon eine ziemliche Weile tot, was unschwer an dem bereits geronnenen Blut zu erkennen war, das seinen Körper wie eine abnorme Aura umgab. Außerdem drehte sich der junge Mann, kaum dass er meine sich nähernden Schritte vernahm, zu mir um und die wächserne Bleiche seines Gesichts sprach Bände. Das hier war nicht der Täter, sondern lediglich der Unglückliche, der dazu verdammt gewesen war, den Toten entdecken zu müssen.

Verstört sah er mich an, während ich langsam näher trat.

„Er ist ... er ist ... tot", stammelte er ton- und fassungslos.

Ich warf einen kurzen Blick auf den am Boden Liegenden und den Korkenzieher, der aus seiner Halsgegend ragte, wo er die Schlagader zerfetzt haben musste, und konnte nur im Stillen feststellen, dass diese Äußerung bemerkenswert überflüssig war. Folglich nickte ich bloß.

„Ich weiß auch nicht, wie er in unser Lager kommt", stammelte der Mann weiter. „Gestern Abend war er noch nicht da."

„Ihr Lager?"

„Ja. Hier kellern wir unsere Weine ein ... die, für die wir weder im oberen Lager noch im Laden Platz haben."

Ein schneller Rundblick zeigte mir, dass es sich wirklich so verhielt, wie er sagte. Tatsächlich war das kleine Kellergewölbe mit unzähligen Regalen vollgestellt, auf denen, dicht gedrängt und Seite an Seite, Weinflaschen lagen. An den Wänden stapelten sich Kartons.

„Darüber können wir uns später unterhalten", sagte ich und wandte mich ihm wieder zu. „Jetzt sollten wir erst mal die Polizei rufen."

Der junge Mann, ein, wie ich bei näherer Betrachtung feststellte, schmales Bürschlein, dessen lange Haare und stoppeliges Oberlippen- und Kinnbärtchen ihn aussehen ließen, als sollte er lieber in irgendeiner Garage laute schrammelige Musik fabrizieren, sah mich an.

„Nun ja", sagte ich. „Und wenn wir schon einmal dabei sind, wäre es vielleicht eine gute Idee, auch Ihren Chef zu informieren.

Den wird es sicher interessieren, was er so in seinem Keller gelagert hat."

Bei dieser Bemerkung kam endlich wieder Leben in den jungen Mann und seine Augen blitzten mich entrüstet hinter schmalen Brillengläsern an. „Ich bin der Chef!" verkündete er entrüstet.

Ups!

Die Polizei war schnell vor Ort, schließlich lag die Wache allenfalls einen halben Kilometer Luftlinie von hier entfernt. Zuerst erschienen ein paar Uniformierte, dann tauchte mein alter Bekannter, Kommissar Krause, auf. Er schien wenig erfreut, mich zu sehen.

„Sie hier? Haben Sie den Toten gerochen oder ist Ihre Anwesenheit ein Zufall?"

Ich zuckte die Achseln und schenkte ihm ein schiefes Lächeln. „Purer Zufall. Ob Sie es glauben oder nicht – ich wollte wirklich nur Wein kaufen."

Krause verdrehte die Augen und schüttelte den Kopf. Hinter ihm drängten sich ein paar Leute von der Spurensicherung durch die Glastür zum Laden. Krause wies zu den hinteren Räumen und sie stapften an uns vorbei, weiße Overalls über dem Arm und schwere Koffer in den Händen.

Als sie verschwunden waren, fixierte mich Krause mit kaltem Fischblick, der wohl drohend wirken sollte. Tat er nicht.

„Sie sind Zeuge?"

„Ich kam dazu, als der junge Mann hier", ich wies auf den Besitzer, „den Toten fand, wenn Sie das meinen."

„Genau das meine ich", knurrte Krause. „Sie sind Zeuge. Also halten Sie sich zu meiner Verfügung und ansonsten aus dieser Sache heraus."

Und damit drehte er sich abrupt um und verschwand in Richtung Keller.

„Der scheint Sie ja nicht gerade zu mögen", bemerkte der junge Mann, der sich auf einem Stuhl hinter dem Verkaufstresen niedergelassen hatte und nicht sonderlich glücklich über die ganze Angelegenheit wirkte.

Ich grinste ihn an. „Tut er auch nicht, aber das macht nichts. Ich ihn auch nicht."

„Und warum nicht?" erkundigte er sich interessiert, wahrscheinlich froh über die Ablenkung von dem eben Erlebten, die ihm unser Gespräch bot.

„Professionelle Rivalität. Mein Chef hat ihm schon so manchen Fall vor der Nase aufgeklärt. Das zehrt auf Dauer am Ego."

„Ihr Chef?" Er zog die Augenbrauen hoch.

„Ja. Ich arbeite für Julius Lotz."

„Den Detektiv?"

Ich nickte.

Der junge Mann sagte nichts, aber in seinem Kopf schienen sich die Gedanken zu überschlagen. Man konnte förmlich sehen, wie sich hinter seinen Augen die kleinen Rädchen drehten. Als er schließlich wieder den Mund aufmachte, sagte er in etwa das, was ich erwartet hatte.

„Nicht besonders gut für das Geschäft, so ein Mord."

Ich zuckte die Achseln. „Kann man nie wissen. Vielleicht rennen Ihnen die Leute ja auch die Bude ein. Manche macht so ein richtig schöner blutiger Meuchelmord ja an. Denken Sie an die Jack-the-Ripper-Führungen in London. Die sind ein richtiger Verkaufsschlager."

Er schüttelte den Kopf. „Diese Morde liegen aber auch schon verdammt lange zurück und es ist sicher, dass Jack the Ripper nicht mehr unter uns weilt. Aus dieser Sicherheit heraus lässt sich's prima gruseln und schaudern. Das hier", er wies über seine Schulter in Richtung des Kellers, „ist aber im Gegensatz dazu noch taufrisch. Ich glaube, in so einem Fall sieht die Sache etwas anders aus."

„Da könnten Sie durchaus recht haben." Natürlich wusste ich, dass er recht hatte, aber ich wollte nicht, dass es später hieß, ich hätte ihn zu irgendetwas gedrängt. Also ließ ich ihn das Offensichtliche selber sagen. Das gab dann eventuell etwas weniger Ärger mit Krause, wenn er erfuhr, dass ich mich doch eingemischt hatte.

„Sie erwähnten eben, dass ihr Boss schon des Öfteren einen Fall vor diesem Kommissar aufgeklärt hat."

„Wenn nicht hundert Prozent, dann neunundneunzig Komma Periode neun Prozent der Fälle."

Ein Weilchen zögerte er noch, doch dann sagte er es schließlich: „Ich wäre sehr froh, wenn die Sache so schnell wie möglich aufgeklärt werden würde. Glauben Sie, dass Ihr Chef an diesem Fall interessiert wäre?"

„Nun, Sie gehen morgens in Ihren Weinkeller und finden eine Leiche, von der Sie nicht wissen, wie sie da hineinkommt." Ich strahlte ihn an. „Ich denke, da wird er kaum widerstehen können."

Konnte er nicht.

Kaum war ich nach einem kurzen Verhör durch Kommissar Krause in unser Büro im Erdgeschoss der Lotz'schen Villa zurückgekehrt und hatte meinem Chef die Situation in groben Zügen geschildert, da schickte er mich schon mit einer Kamera in der Hand zurück, um Aufnahmen vom Tatort zu machen.

„Wollen wir nur hoffen, dass die Polizei nichts durcheinander gebracht hat", knurrte er missmutig und gab mir durch eine Geste zu verstehen, dass ich mich sputen solle. Kurz bevor ich die Tür erreichte, rief er mich jedoch noch einmal zurück. „Und bringen Sie den Besitzer mit, wenn Sie fertig sind. Ich will die Geschichte aus seinem Munde hören."

„Mach ich", versprach ich. „Er hat für den Rest des Tages sowieso geschlossen."

Lotz nickte befriedigt. „Na, dann ist ja gut."

II.

„Erzählen Sie mir alles, was Sie wissen", forderte Lotz den jungen Mann auf, als dieser einige Stunden später vor seinem Schreibtisch Platz nahm. Ich hatte mich an meinen Schreibtisch gesetzt, der im rechten Winkel zu dem größeren Lotzens stand, und hockte mit über der Tastatur schwebenden Fingern da, um Notizen des Gesagten gleich in meinen Laptop zu tippen.

„Nun ja ... also ..." begann der junge Mann und Lotz tat genau das, was ich in solch einer Situation von ihm gewohnt war – er hob Schweigen gebietend beide Hände und räusperte sich.

„Ganz ruhig", sagte er dann. „Sammeln Sie sich, atmen Sie ein paar Mal tief durch und dann fangen Sie noch mal an."

Der Weinmensch nickte und tat wie ihm geheißen, denn als er den Mund wieder aufmachte, hörte er sich schon ganz anders an.

„Also, das Ganze war so." Nicht gerade die literarisch wertvollste Einleitung, die je erdacht worden ist, aber brauchbar und immer wieder gern benutzt. Doch das nur am Rande.

„Gestern Abend, um 20.00 Uhr", fuhr er fort, „fand in der *Weinrebe* eine Lesung mit Weinprobe statt. Das Thema war ‚Wein, Weib und Gesang'." Er grinste etwas verschämt, als Lotz das Gesicht verzog.

„Sehr volksnah", murmelte dieser.

Der junge Mann stockte. „Äh ja ... also ... wie ich schon sagte, es fand also diese Lesung statt. Wein wurde jeweils in den Pausen zwischen den einzelnen Texten verkostet und selbstverständlich nach Beendigung der Lesung. Schließlich", fügte er fast entschuldigend hinzu, „sind wir ein Wein- und kein Buchladen."

Lotz nickte.

„Nach dem letzten der vorgetragenen Texte blieben noch alle Gäste da, um den einen oder anderen Wein zu testen oder um einen, der ihnen besonders geschmeckt hatte, erneut zu versuchen."

„Und wann war die Lesung zu Ende?"

„Kurz nach 22.00 Uhr. Ich weiß es nicht mehr genau, aber ich kann mich erinnern, kurz vor Schluss eine Kirchturmglocke schlagen gehört zu haben."

„Aha."

„Die ersten Gäste gingen wohl so eine halbe Stunde später, doch die meisten blieben noch und probierten weiter."

„Und zu diesen gehörte auch der Ermordete."

„So ist es."

„Was uns zu einer sehr interessanten Frage bringt, die wir bisher noch überhaupt nicht behandelt haben: Wer ist der Tote überhaupt? Kannten Sie ihn?"

„Ob ich ihn kannte?" Der Weinmann lachte nervös. „Das kann

man wohl sagen! Der Ermordete ist ... war ... Heinrich Brohler, der Feuilletonist der *Neuen Nachrichten.* Im Rahmen dieser Tätigkeit wollte er nicht nur über die Lesung berichten, sondern auch über den Wein, denn er versah auch – eher inoffiziell – die Stellung des Weinkritikers der Zeitung – wenn dieser Teil seines Jobs in unserer Gegend auch nicht oft benötigt wurde."

„Sieh an, sieh an." Lotz ließ seinen massigen Leib bedächtig in die Polster des Schreibtischsessels sinken und wiegte sein weises Haupt. Dabei sah er unseren Klienten aufmerksam an. Was diesen prompt in Aufregung versetzte.

„Wenn Sie aber jetzt meinen sollten, dass ich damit einen Grund gehabt hätte, ihn zu ..." Er brach ab.

„Ermorden?" fragte Lotz.

„Ich denke, hier sollte man eher von ‚entkorken' sprechen", warf ich ein, was mir einen ärgerlichen Seitenblick meines Bosses eintrug, den ich mit Vergnügen zur Kenntnis nahm. Es gibt nicht viel, das befriedigender ist, als ihn aus seiner selbstgefälligen Ruhe zu bringen.

„Bleiben wir doch der Einfachheit halber bei ermorden", sagte er ätzend.

„Ja", stimmte der Weinmann zu. „Aber ich war es nicht. Ich hatte gar keinen Grund."

„Wirklich nicht?" erkundigte sich Lotz. „Vielleicht war die Lesung ja scheußlich? Oder der Wein?"

„Die Lesung kam sehr gut an – auch bei Brohler, wie er mir sagte – und der Wein war vorzüglich. Mein Gott, Heinrich Brohler war, ganz abgesehen von seiner Tätigkeit, einer meiner besten Kunden."

„Ach so." Lotzens rechte Augenbraue schnellte in die Höhe.

„Nicht so, wie Sie meinen", versetzte der Weinhändler. „Er war kein Trinker, sondern Kenner; hatte einen erlesenen Geschmack, was Weine anging – und er wusste, wo er sie bekam."

„Bei Ihnen."

„Bei mir." Es gelang ihm nicht ganz, den Stolz aus seiner Stimme herauszuhalten. „Sie sehen also, wenn ich sein Mörder wäre, hätte ich mir ins eigene Fleisch geschnitten. Der Mann war auf ziemlich teure Weine abonniert. So jemanden bringe ich doch nicht um."

„Außer durch den gesteigerten Alkoholgenuss", murmelte ich, doch niemand nahm von mir Notiz.

Stattdessen fuhr Lotz, an den Weinmann gerichtet, fort: „Das scheint mir, zumindest für den Moment, eine durchaus zufriedenstellende Erklärung zu sein. Fahren Sie bitte fort. Wie ging es weiter?"

„Das Verkosten der Weine dauerte noch bis gegen halb zwölf, schätze ich. In dieser Zeit nahm ich Bestellungen auf, da ich nach Geschäftsschluss keinen Wein mehr verkaufen darf, wohl aber Bestellungen entgegennehmen. Und das tat ich."

„Und, sahen Sie Brohler den Laden verlassen?"

„Nein, aber ich habe mich auch nicht auf ihn konzentriert. Schließlich waren auch noch andere Gäste da und dann gab es natürlich die Bestellungen, die ich aufnehmen musste."

„Und Sie konnten ja nicht ahnen, dass Sie ihn am nächsten Morgen tot zwischen ihren Flaschen im Keller wiederfinden würden, nicht wahr? Warum also ihm mehr Aufmerksamkeit schenken, als den anderen?" bemerkte Lotz weise. „Durchaus verständlich."

„Eben", sagte unser Klient, wobei er ausnehmend erleichtert wirkte.

„Also weiter im Text. Was passierte als Nächstes?"

„Als die letzten Gäste gegangen waren und der Laden leer war, räumten meine Frau und ich auf, schlossen ab und gingen nach Hause, denn ich musste ja heute wieder früh ins Geschäft. Und das war's."

„In den Keller gingen Sie nicht mehr? Gestern Abend, meine ich."

„Doch." Der junge Mann nickte eifrig. „Ich machte noch das Licht im Treppenhaus und im Kellergang aus, denn die zum Laden gehörende Toilette befindet sich dort unten und den Weg dorthin hatten wir natürlich beleuchtet. Bei einer Weinprobe muss man schließlich ab und zu mal frischen Platz für neue Weine schaffen ... wenn Sie verstehen, was ich meine."

Lotz gab zu verstehen, dass er verstand. „Was auch erklärt, was jemand überhaupt im Keller zu suchen hatte. Nun gut. Aber zurück zu Ihnen. In Ihren Lagerkeller gingen Sie nicht mehr?"

„Nein. Ich warf nur schnell einen Blick auf das Vorhängeschloss, aber das war geschlossen."

„Was ja kein Problem ist", mischte ich mich ein. „Bei einem Vorhängeschloss reicht es schließlich, den offenen Bügel herunterzudrücken, um es abzuschließen. Was uns aber zu der Frage bringt: war es an diesem Abend überhaupt offen?"

Der Weinmann warf die Arme hoch. „Muss es ja gewesen sein. Wie sonst hätte der Tote in den Keller kommen sollen? Es würde mich jedenfalls extrem überraschen, wenn ich erfahren sollte, dass er durch Mauern oder geschlossene Türen gehen konnte."

Höchstens jetzt, dachte ich, verzichtete aber darauf, meinen geschmacklosen Gedanken an den Mann zu bringen.

„Waren Sie denn an diesem Tag im Keller?" schaltete sich Lotz wieder ein. „In Ihrem Lager, meine ich. Nicht zum Klodienst."

Der junge Mann überlegte einen Moment mit gekrauster Stirn. „Gegen Morgen, ja. Ich hatte dort am Tag zuvor angefangen Inventur zu machen und die Kamera vergessen, mit der ich Bilder vom Keller aufgenommen hatte."

„Moment mal", unterbrach ich. „Sie meinen, Sie haben ihren Keller fotografiert? Warum um Himmels willen das denn?"

„Na, wissen Sie ..." Er grinste ein wenig verlegen. „Natürlich betreibe ich den Laden, um Geld zu verdienen, keine Frage, aber Wein ist auch gleichzeitig mein Hobby. Und als ich da unten anfing, die Flaschen zu zählen, wurde mir auf einmal bewusst, dass ich endlich einen Weinkeller von solchen Ausmaßen habe, wie ich ihn mir immer gewünscht hatte. Auch wenn die Weine selbstverständlich zum Verkauf bestimmt sind und nicht zu meinem persönlichen Verbrauch." Sein Lächeln wurde verträumt und strahlend. „Aber schön war's trotzdem. Also rannte ich kurz zu einem Drogeriemarkt um die Ecke und kaufte mir eine von diesen Wegwerfkameras, um ein paar Erinnerungsfotos zu schießen."

„Verstehe", sagte ich.

„Kann es also sein", fragte Lotz, „dass Sie, als Sie den Keller mit der Kamera wieder verließen, vergessen haben, das Vorhängeschloss abzuschließen; dass der Keller also am Abend ebenfalls noch frei zugänglich war, so dass das Opfer und der Täter ohne weiteres hineingelangen konnten?"

Der junge Mann zuckte mit den Achseln. „Durchaus möglich. Ich hatte den Kopf so voll mit den Vorbereitungen, die ich noch für den Abend treffen musste, dass ich ohne weiteres verschwitzt haben kann, die Kellertür hinter mir abzuschließen."

„Sehr wahrscheinlich, nicht wahr?" brummte Lotz. „Jedenfalls, wenn wir weiterhin davon ausgehen, dass Sie nicht der Mörder sind. Sie hätten natürlich auch nach der Weinprobe mit Brohler in den Keller gehen, das Lager aufschließen, ihn dort umbringen und danach wieder die Tür verschließen können."

Lotzens Stimme troff vor Ironie und das Gesicht des jungen Mannes nahm die Farbe eines gut abgehangenen Bordeaux' an.

„Hören Sie!" brauste er auf. „Ich dachte, das hätten wir abgehakt."

Lotz schmatzte kaum hörbar mit den Lippen und verzog dann sein Gesicht zu einem freudlosen Grinsen. „Natürlich." Seine Augen bohrten sich in die des jungen Mannes. „Seien Sie aber darauf vorbereitet, dass Kommissar Krause ihnen wahrscheinlich ähnliche Fragen stellen wird, wenn sein Spatzenhirn erst mal in die Gänge kommt – was allerdings noch etwas dauern kann."

Der Weinmann schluckte.

„Nun gut", fuhr Lotz ungerührt fort, „Wenn Sie es also nicht waren, wer war es dann? Irgendeine Idee? Können Sie sich erinnern, wer zu dem Zeitpunkt, als Sie Brohler das letzte Mal sahen, noch anwesend war und wer nicht?"

Der junge Mann lachte auf. „Unmöglich. Ich sagte ja, ich war beschäftigt. Ich kann mich zwar daran erinnern, dass Brohler, genauso wie einige andere, noch eine ganze Zeit nach der Lesung da war, aber ich kann unmöglich sagen, wer wann wohin oder nach Hause gegangen ist. Tut mir leid."

„Macht nichts." Es schien nicht gerade Lotzens Herz zu brechen. „Dadurch wird die Sache nur um so spannender. Aber sagen Sie, kannten Sie alle Anwesenden?"

„Oh ja." Wildes Kopfnicken. „Das waren gestern Abend alles

Stammkunden oder Leute, die oft zu den Lesungen und anderen Aktionen kommen."

„Gibt es eine Liste?"

„Ja, sie erhalten alle einen Newsletter von mir, in dem die Veranstaltungen des nächsten Vierteljahres stehen."

Lotz grinste zufrieden. „Na, das ist doch schon mal was. Und, haben Sie irgendeine Idee, ob einer der Anwesenden einen offensichtlichen Grund gehabt hätte, Brohler zu töten?"

„Mein Gott!" Der Weinmann war entsetzt. „Keine Ahnung!" Trotzdem überlegte er einen Augenblick. „Nun, da war natürlich Herr Wichmann, auch ein guter Kunde. Feuilletonist und Weinfachmann bei der *Post*. Kann sein, dass die beiden sich nicht grün waren, wo sie doch bei Konkurrenzblättern arbeiteten. Aber das ist nur so ein Gedanke. Ich habe nie etwas in dieser Richtung bemerkt."

„Sonst noch jemand."

„Ich sage doch, ich weiß es nicht."

„Vielleicht", gab Lotz zu bedenken und zwinkerte ihm zu, „irgendwelche Damen, die einen Grund gehabt hätten, Heinrich Brohler ans Leder zu wollen. Sie wissen schon", fügte er grausam hinzu, „‚Wein, Weib und Gesang' etcetera."

Der junge Mann verengte die Augen. „Dazu kann ich wirklich nichts sagen. Was weiß ich, mit wem Herr Brohler intimen Umgang pflegte. Ich habe ihm Wein verkauft, keine Kondome."

„Tja", murmelte Lotz. „Zu schade."

Und damit verabschiedete er sich aus unserer lustigen Runde, jedenfalls geistig; saß einfach nur da, Ellbogen auf dem Tisch, sein Hauptkinn in eine Hand gestützt, und seinen Gedanken nachhängend. Als er nach mehreren Minuten immer noch nichts gesagt hatte, räusperte ich mich dezent, denn ich konnte spüren, dass das Schweigen meines Chefs unseren Klienten zu irritieren begann.

Lotzens Schädel fuhr zu mir herum.

„Äh, Chef ..."

„Mmh?"

Ich zuckte mit meinem Kopf in Richtung unseres Gastes.

Lotz schenkte dem Weinmann ein entschuldigendes Lächeln. „Keine Sorge, mein Lieber. Ich habe Sie nicht vergessen. Im Gegenteil.“ Bedächtig führte er seine Fingerspitzen zu einer Pyramide zusammen und musterte ein wenig die Raufasertapete, bevor er wieder den Mund aufmachte. „Sagen Sie“, fragte er, an unseren Klienten gewandt, „haben Sie die Inventur in Ihrem Lagerkeller schon beendet?“

Durch den Gedankensprung verwirrt, kam der junge Mann etwas ins Stolpern, fing sich aber erstaunlich schnell wieder und schüttelte den Kopf. „Nein, aber das Ganze ist auch eher eine langfristige Sache und für mich, rein persönlich. Keine Inventur wie zum Abschluss des Geschäftsjahres. Ich wollte nur einfach mal schauen, wie der Lagerbestand im Keller aussieht. Es ist so leicht, den Überblick zu verlieren, wenn man nicht ab und zu mal nachhält, wie es um das Lager bestellt ist. Und dann hat man es plötzlich voller Kellerleichen.“ Er verstummte.

„Verzeihung?“ sagte Lotz.

„Äh ... das sind Weine, die ewig im Keller liegen bleiben, die man nicht verkauft. Keine ... na, Sie wissen schon ... keine richtigen ... äh ...“

„So, so.“ Pause. „Sie sind also noch nicht fertig“, stellte Lotz dann fest. „Gut. Und, haben Sie die Bilder noch?“

„Selbstverständlich. Die sind noch alle in der Kamera. Die liegt bei mir in der Wohnung.“

„Hervorragend. Ich denke, das wäre dann für den Moment alles. Mein Mitarbeiter wird Sie jetzt nach Hause fahren. Geben Sie ihm bitte die Kamera. Er wird sich darum kümmern, dass die Fotos heute noch entwickelt werden.“

„Geht das denn so schnell?“

Ich stand auf und schlüpfte in meine Jacke. „Keine Sorge“, erklärte ich.

„Gut.“

Brav trabte er hinter mir her in Richtung Bürotür, doch bevor wir diese erreicht hatten, hielt uns ein Zuruf Lotzens zurück.

„Ach ja, drucken Sie doch bitte auch die Liste mit Ihren Gästen aus. Wenn möglich mit den entsprechenden Adressen. Danke.“

„Mach ich."

Und damit verließen wir das Büro und ließen Julius Lotz, tief in seinen Sessel und seine Gedanken versunken und stumm vor sich hinstarrend, allein.

III.

Ich kam ins Büro zurück und warf die Umschläge mit den entwickelten Bildern – die des Weinmannes und die, die ich am Morgen gemacht hatte – auf Lotzens Schreibtisch.

„Gab's Probleme?" erkundigte er sich.

Ich schüttelte den Kopf. „Lief wie am Schnürchen."

„Sind die Bilder zu gebrauchen?"

„Sie sind scharf, wenn Sie das meinen."

Lotz grunzte. „Genau das meinte ich. Und die Namensliste?"

Ich reichte sie ihm. Er warf einen kurzen Blick darauf und grunzte erneut.

„Kennen Sie einen der Gäste?" erkundigte ich mich. In einer Stadt unserer Größenordnung war das nicht nur nicht ausgeschlossen sondern sogar eher wahrscheinlich.

„Zwei oder drei Leute", antwortete er.

Na also. Was sag ich.

„Jemand, den Sie eines Mordes für fähig halten?"

Lotz fixierte mich. „Sind wir das nicht alle?"

„Ich weiß nicht", sagte ich. „Ich hoffe nicht."

„Na, dann hoffen Sie mal weiter."

Ich entschloss mich zu schweigen. Wenn mein Boss in dieser Laune ist, dann ist er ungenießbar. Besser, man lässt ihn einfach in Ruhe, bis er sich wieder eingekriegt hat.

Ich ging also zu meinem Schreibtisch, fuhr den Laptop hoch und überflog noch einmal die Notizen, die ich von unserem Gespräch mit dem Weinhändler gemacht hatte. Allzu viel gab das Ganze nicht her. Ich überlegte gerade, wo man am Besten einhaken sollte, als Lotz „Zwanzig Gäste", sagte.

Es war also soweit. Die Zeit des Redens und lauten Denkens war gekommen.

„Zwanzig Gäste", bestätigte ich. „Und damit, abzüglich Brohler, neunzehn Verdächtige. Einundzwanzig, wenn Sie den Weinhändler und seine Frau mit einrechnen."

„Zweiundzwanzig", sagte er.

Ich starrte ihn an. Dann begann es mir zu dämmern. „Der Typ, der die Lesung gemacht hat."

„Richtig. Aber", Lotz hob eine seiner Pranken, „unser Klient war so nett diejenigen Gäste zu kennzeichnen, die seines Wissens als erste gegangen sind, zu einer Zeit, als Brohler seiner Meinung nach definitiv noch lebte."

„Und wie viele waren das?"

„Vier."

Ich lachte. „Toll. Dann sind wir ja schon auf achtzehn Verdächtige runter."

„Wenn wir uns darauf verlassen, dass seine Beobachtungen stimmen."

„Okay. Sind wir also wieder bei zweiundzwanzig. Aber mal im Ernst – und, um vielleicht wenigstens schon mal einen von der Liste streichen zu können: glauben Sie, dass es der Weinhändler war? Ich glaube es nämlich nicht."

Lotz schüttelte den Kopf. „Seine Begründung, er würde doch nicht die Gans schlachten, die goldene Eier legt, ist zwar was für Milchmädchen, aber ich denke trotzdem nicht, dass er dem Weinkritiker die Schlagader zerfetzt hat. Dafür ist er einfach nicht der Typ."

„Ich denke, wir sind alle eines Mordes fähig", hielt ich ihm seine frühere Bemerkung vor.

Lotz lachte. „Mein Gott, ich bitte Sie. Was bringt Sie nur auf einen solch pessimistischen Gedanken? Sie sollten es doch wirklich besser wissen."

Alles, was ich dazu hätte sagen können, hätte bloß zu einer längeren Diskussion geführt. Also schwieg ich lieber.

„Der gute Mann ist also außen vor", stellte ich fest.

„Ich denke, davon können wir ausgehen."

„Sonst noch jemand, den wir streichen können?"

„Zunächst nicht. Vielleicht, wenn wir mit einigen der Verdächtigen gesprochen haben."

„Das wird aber dauern“, gab ich zu bedenken.

„Eventuell können wir uns langwierige Verhöre sparen. Ich habe da so eine Idee.“

Ich wartete. Als nichts weiter kam, fragte ich: „Würde es ihnen etwas ausmachen, das etwas genauer zu erläutern?“

„In der Tat“, sagte er. „Das würde es.“

Okay, es war also wieder Austern-Zeit. Das ging ja schnell. Aber daran konnte man nichts ändern. Wenn er nicht wollte, dann wollte er nicht. Ich beobachtete, wie er die beiden Sätze Fotos sortierte und in zwei Packen säuberlich nebeneinander legte.

„Brauchen Sie mich noch?“ fragte ich.

Als Antwort erhielt ich ein unverständliches Brummen und ein abwesendes Winken mit der Hand. Ein eindeutiges „Nein“.

Ich fuhr den Laptop wieder herunter und erhob mich. „In Ordnung. Ich ziehe dann mal los die Menschheit retten, wenn's genehm ist.“

„Ist gut“, grummelte Lotz, ohne von den Bildern aufzublicken.

Ach, wenn's doch nur so einfach wäre.

Ein paar Stunden später, nachdem ich den Rest des Nachmittags vertrödelt und mir schließlich in der Küche ein Abendbrot geschmiert hatte, kehrte ich mampfend ins Büro zurück.

„Und, gibt es etwas Neues?“ erkundigte ich mich so beiläufig wie möglich.

Lotz erwachte aus der Erstarrung, in der er über die Fotos gebeugt dagesessen hatte, und sah mich an, brauchte jedoch einen Moment, um in die Wirklichkeit zurückzufinden.

„Entschuldigung. Was sagten Sie?“

Ich schluckte einen Brocken Salami-Käsebrot herunter und räusperte mich. „Ich fragte, ob es etwas Neues gibt.“

Ernst blickte Lotz mich an, begann dann jedoch urplötzlich zu grinsen. „In der Tat, mein Bester. In der Tat.“

„Ehrlich?“ Aufgeregt trat ich auf ihn zu. „Und das wäre?“

Genießerisch zog er seine Antwort hinaus, ließ sich gegen die Lehne seines Sessels sinken, wobei die Knöpfe der seinen kolossalen Bauch umspannenden Weste heftigst gegen die Knopflöcher zu kämpfen hatten, und streckte eine Hand nach mir aus. Erst wusste ich nicht, was er mit dieser Geste bezweckte, dann senkte sich mein Blick und fiel auf den Rest meines Butterbrots.

„Wenn Sie mich bestechen, verrate ich es Ihnen." Wohlgelaunt strahlte er mich an.

Wortlos reichte ich ihm die Überbleibsel meiner Abendmahlzeit und warf ihm einen auffordernden Blick zu. Er jedoch machte sich zunächst über das Brot her, mümmelte alles auf und klopfte sich dann zufrieden auf den Bauch.

„Nicht viel, aber besser als nichts." Ich nahm an, dass er sich auf das Brot bezog, nicht auf seinen Bauch. Alles andere wäre eine glatte Lüge gewesen.

Ich machte eine ermunternde Geste, doch er hob beschwichtigend die Hände. „Gemach, junger Freund. Gemach! Man springt auch nicht so einfach in eine Mozart Symphonie. Zunächst muss sich der Künstler konzentrieren."

„Oh Mann!" Ich hielt es nicht aus. „Nun machen Sie schon oder muss ich Sie erst auf Diät setzen, um es zu erfahren."

„Kein Grund, Drohungen auszusprechen, mein Guter", sagte er. „Aber schön, wie Sie meinen. Also ..."

Diese Einleitung schien Schule zu machen.

„Ich habe mir", fuhr er fort, „in den letzten Stunden all die Bilder angesehen, die erst unser Klient und dann Sie vom Weinkeller der *Weinrebe* gemacht haben. Wenn die Motive auch unter jeweils anderen Gesichtspunkten gewählt waren, so war es doch kein Problem, die beiden unterschiedlichen Sätze Fotos zu vergleichen. Arbeitshypothese hierbei war, dass die Fotos unseres Klienten den letzten Zustand des Kellers vor dem Mord zeigten. Er sagte ja, er sei danach nicht mehr im Keller gewesen, außer um die Kamera zu holen. Die Ihren hingegen dokumentieren den mehr oder weniger direkten Zustand nach dem Mord. Mir kam es nun darauf an, sämtliche Veränderungen zwischen diesen beiden Zuständen herauszufinden, da diese nur von der Polizei beziehungsweise von Opfer und Täter herbeigeführt werden konnten. Die Polizei wird nichts Wesentliches verändert haben, denn die wollen auch den Originalzustand des Tatorts möglichst genau vor sich haben. Wenn also etwas Grundlegendes verändert wurde, dann kann das eigentlich nur entweder durch Brohler oder durch seinen Mörder geschehen sein. Klar soweit?"

„Klar soweit."

„Fein. Ich ging also die beiden Stapel durch. Auf den ersten Blick kein Unterschied. Dann jedoch – hier!" Er winkte mich zu sich und ich beugte mich pflichtschuldigst über die beiden Fotografien, die er vor sich gelegt hatte. „Auf dieser Aufnahme sehen Sie den Korkenzieher hier links neben der Tür auf dieser Kiste liegen. Das ist ein Bild, das unser Klient geschossen hat. Auf Ihrem hier", ein Wurstfinger deutete auf die gleiche Kiste, nur auf einem anderen Foto, „fehlt der Korkenzieher."

„Klar. Zu der Zeit, zu der ich dieses Foto machte, steckte er ja auch schon im Hals von Brohler. Oder noch wahrscheinlicher ist, dass er sich schon auf dem Weg in die KTU befand, wo man ihn auf Fingerabdrücke und ähnliches untersucht haben wird."

„Korrekt." Lotz klang ausgesprochen zufrieden.

Ich sah ihn an. „Aber das ist ja wohl nicht alles, oder?"

Lotz kicherte. „Kaum, mein Lieber. Sehen Sie hier." Er zeigte mir noch andere Beispiele, in denen kleinere Gegenstände oder Flaschen gegenüber ihren vorherigen Standplätzen leicht verschoben worden waren. „Vermutlich durch Kommissar Krause und seine lieben Kollegen."

Langsam wurde ich wieder ungeduldig. „Das ist ja alles ganz faszinierend", knurrte ich, „aber ich kann nicht gerade behaupten, dass es mich vom Sockel haut. Sie wollen mir doch wohl nicht allen Ernstes erzählen, dass das Einzige, was Sie gefunden haben, leicht verschobener Krimskrams ist."

Vergnügt blähte Lotz seine ohnehin schon umfangreichen Backen und stieß verächtlich die so angesammelte Luft aus.

„Natürlich nicht, Sie dummer Kerl."

„Na und was ist es dann?" fragte ich gereizt. „Jetzt spannen Sie mich doch nicht so auf die Folter. Ich kann ja verstehen, dass Sie ihren Triumph auskosten wollen, aber langsam nervt es."

„Ist ja schon gut." Er schob ein neues Foto in meine Richtung.

„Und, was sehen Sie?“

„Regale mit Flaschen. Liegenden Flaschen.“

„Genau. Hübsch, nicht? Man sieht von schräg oben auf diese Flaschenreihen hinunter. Kann bei manchen sogar die Etiketten sehen.“

„Ja“, sagte ich. „Nur lesen kann man sie nicht, dafür ist die Aufnahme zu dunkel und die Kamera zu weit von den Objekten entfernt. Aber was soll das? Das sind Bilder aus einem verdammten Weinkeller. Was haben Sie erwartet, dort zu sehen? Regale voller Blechspielzeug?“

„Seien Sie nicht albern. Natürlich nicht. Aber sehen Sie hier.“ Er schob eine zweite Aufnahme vor mich. „Die ist von Ihnen. Ihre Mutter hat Sie doch früher sicher in ‚der kleinen Brigitte‘ die Maus auf dem großen Suchbild suchen lassen, oder?“

Ich nickte. Das war mir fast entfallen, war ja auch schon ein paar Tage her. Aber natürlich hatte er Recht.

„Na dann, Schnüffler“, sagte er. „Suchen Sie die Maus.“

Ich kniff die Augen zusammen und studierte das Bild, das ich am Morgen gemacht hatte. Es zeigte dasselbe Regal, direkt von vorne aufgenommen. Hier konnte man nicht die Körper der Weinflaschen sehen sondern lediglich die verkorkten Öffnungen, die wie verstopfte Gewehrmündungen auf den Betrachter zu zielen schienen. Es dauerte eine Weile bis ich den Unterschied zwischen beiden Bildern herausfand, aber ich fand ihn.

„Da fehlt eine Flasche“, erklärte ich. Wenn man es wusste, war es ganz deutlich zu sehen. Auf dem Foto, das der Weinhändler zwei Tage vorher aufgenommen hatte, lag die Flasche noch im Regal; auf meinem Bild jedoch fehlte der Hals in der Reihe.

Ich beugte mich über das ältere Bild und versuchte, das Etikett auf der Flasche zu lesen. Keine Chance. Ich hielt es ins Licht von Lotzens Schreibtischlampe. Nichts. Ich schnappte mir eine Lupe. Immer noch nichts.

„Vergessen Sie es“, sagte Lotz. „Das habe ich auch schon alles probiert. Da kann uns wohl nur unser lieber Freund Bantzer mit seinem Computer helfen. Rufen Sie ihn an und sagen Sie ihm, dass es eilt. Er soll seinen Rechner anschmeißen. Und Sie machen sich umgehend mit Foto und Negativ auf den Weg zu ihm. Ich will wissen, was das für eine Flasche ist, die da fehlt!"

Als ich drei Stunden später zu Lotz zurückkehrte, konnte ich ihm sagen, was auf dem Etikett stand, aber das half uns zunächst auch nicht weiter. Also warf ich den Laptop an, klinkte mich ins Internet ein und suchte. Wenn man den Suchmaschinen die richtigen Fragen stellt, kriegt man auch die richtigen Antworten. Eine Viertelstunde später, nachdem wir drei kurze Abhandlungen von offensichtlichen Weinfreaks gelesen hatten, rief Lotz „Heureka!" und klopfte mir auf die Schulter.

„Gut gemacht! Das klärt doch zumindest schon mal eine Frage. Wir wissen zwar immer noch nicht, von wem Brohler umgebracht wurde, aber wir wissen warum!"

IV.

„Sie haben den Fall gelöst?" Aufgeregt hatte unser Weinhändler vor Lotzens Schreibtisch Platz genommen und blickte nun so aufmerksam zwischen Lotz und mir hin und her, dass ich schon befürchtete, ihm würde gleich von der vielen Bewegung der Kopf vom Hals fallen. Bevor das jedoch passieren konnte, schritt Lotz mit erhobenem Zeigefinger ein.

„Was", fragte er, „wissen Sie von kanadischen Weinen?"

Unser Klient lachte. „Was für eine Frage. Ich bin Kanadier!"

„Na, macht ja nichts", versetzte Lotz beiläufig und schlitterte gleich in seine Erklärung weiter, während unser Klient sich noch von der Bemerkung zu erholen versuchte. „Der Dreh- und Angelpunkt des ganzen Falles ist nämlich Wein. Ein ganz besonderer Wein."

Der Händler sah ihn ratlos an. „Was denn für ein Wein?" stammelte er.

„Ah!" Lotzens Finger fuhr durch die Luft und schnitt ihm das Wort ab. „Das kann ich Ihnen sagen. *Krönungswein* von der Niagara Halbinsel."

„Kenne ich nicht."

„Sie als Kanadier und besonders als Weinhändler kennen die Niagara Peninsula nicht?" fragte Lotz mit weit aufgerissenen Augen. „Eines der Hauptweinanbaugebiete Kanadas? Ich fasse es nicht!“

„Nein.“ Der Weinhändler schüttelte vehement den Kopf. „Selbstverständlich kenne ich die Niagara Peninsula. Aber von diesem *Krönungswein* habe ich noch nie etwas gehört.“

Lotz sah den jungen Mann an und zuckte dann die Schultern. „Na, ist wahrscheinlich verständlich. War wohl alles auch ein bisschen vor Ihrer Zeit.“

Hilfesuchend sah unser Klient zu mir hinüber, doch ich gab ihm zu verstehen, dass er seine Erklärung gleich erhalten würde. Ewig konnte es nicht mehr dauern. Lotz hatte seine Rolle des leicht wuschigen Gedankenkünstlers, dessen geistigen Höhenflügen der schnöde Rest der Welt nicht folgen kann, ja nun auch wahrhaftig lange genug ausgekostet.

Das sah er wohl ähnlich, denn endlich setzte er zu einer vernünftigen Erläuterung an. Er erzählte unserem Klienten, wie er über den Vergleich der Fotos darauf gekommen war, dass nach der Ermordung Brohlers eine Flasche fehlte, die vor der Tat noch im Weinkeller der *Weinrebe* gewesen sein musste.

„Ach so.“

„Und diese fehlende Flasche gelang es uns zu identifizieren. Mein Mitarbeiter war so freundlich, mit Hilfe eines Mannes, dessen Dienste wir ab und zu in Anspruch nehmen, das Foto genauer zu analysieren. Dabei wurde es möglich, doch einen Großteil des Etiketts, das sich auf der Flasche befand, lesbar zu machen. Ein bisschen weitere Recherche und wir wussten, worum es sich bei dem verschwundenen Wein handelte.“

„Um diesen *Krönungswein*“, schloss unser Klient rasiermesserscharf.

„Exakt. Besagter *Krönungswein*, übrigens ein Merlot, war ein Geschenk Kanadas als Mitglied des Commonwealth anlässlich der Krönung Elisabeths II. im Juni 1953. Insgesamt wurden nur zwanzig Flaschen dieses Weines abgefüllt. Achtzehn davon gingen an die Königin, zwei verblieben in Kanada. Zunächst jedenfalls. Mittlerweile befindet sich eine in den Händen eines Sammlers, der bereit war bei einer Auktion in London 150.000 Pfund für den edlen Tropfen auszugeben. Und die andere Flasche befand sich ..."

„In meinem Weinkeller?!" Dem jungen Mann klappte der Kiefer herunter.

„Korrekt. In Ihrem Weinkeller. Wie er da hinkam, wird wohl ewig ein Rätsel bleiben und, wenn ich ganz ehrlich bin, ebenfalls, warum Sie nichts davon wussten."

„Ich habe den Laden erst vor knapp über einem Jahr übernommen. Es fand zwar eine Übergabe zwischen mir und meinem Vorgänger statt, aber so was kann man ja auch hauptsächlich über Listen erledigen. Wir haben uns dabei nicht jede Flasche angeschaut."

„Also wussten Sie nicht, dass Sie diese extrem wertvolle Kellerleiche in Ihrem Lager liegen hatten, bis Sie die echte fanden."

Stumm schüttelte der junge Mann den Kopf. „Aber trotzdem verstehe ich nicht ..."

„... was passiert ist?" beendete Lotz die Frage. „Ich denke mir das so: Die Lesung ist beendet, das Weintesten geht weiter und Brohler entschließt sich, für ein paar weitere Weine ‚Platz zu schaffen', wie Sie so schön sagten. Er geht also in den Keller und bemerkt, dass die Tür zu einem Kellerraum nicht verschlossen ist. Wahrscheinlich steht sie auch noch einen Spalt weit offen, so dass er sehen kann, dass es sich dabei um Ihr Lager handelt. Neugierig geworden – schließlich ist er Weinliebhaber – beschließt er, einen Blick zu riskieren. Aus dem einem Blick werden zwei oder drei und er entdeckt durch Zufall die Flasche *Krönungswein*. Mittlerweile ist noch jemand in den Keller gekommen, vermutlich aus ähnlichen Beweggründen wie zuvor Brohler. Dieser andere sieht das Licht in Ihrem Keller und geht ebenfalls hinein, trifft auf Brohler mit der seltenen Flasche in der Hand, ihn überkommt die Gier, Brohler will das Ding nicht herausgeben, und der Täter greift zur erstbesten Waffe die er finden kann, dem Korkenzieher, und rammt ihn Brohler in den Hals. Treffer in die Halsschlagader, Abgang Brohler."

„Und wer ist der Täter?"

Lotz zuckte die Achseln.

„Und wo ist der Wein?"

Jetzt grinste Lotz. „Wahrscheinlich immer noch in Ihrem Weinkeller, nur an einem anderen Ort versteckt. Auf den Fotos ist ja nicht der komplette Keller mit allen dunklen Ecken und Nischen zu sehen. Ich nehme an, dass der Mörder die Flasche genommen und dort versteckt hat, um sie sich bei nächster Gelegenheit zu besorgen."

„Und warum hat er sie nicht gleich mitgenommen?"

„Dafür haben wir wahrscheinlich den offiziellen Verordnungen zu danken. Nach Geschäftsschluss dürfen Sie keinen Wein mehr verkaufen. Das wusste der Täter, denn Sie nahmen an diesem Abend aus genau diesem Grunde ja auch nur Bestellungen auf. Folglich wäre es ziemlich aufgefallen, wenn er – oder, um endlich einmal politisch korrekt zu sein, sie – den Laden mit einer Flasche in der Hand verlassen hätte. Und so ein sperriges Ding unter der Jacke zu verstecken, fällt auf, zumal die Flasche, um die es hier geht, nicht die normale Größe hat, sondern eine Spezialabfüllung in einer Zweiliterflasche ist. Damit spazieren sie nicht an einer größeren Anzahl Leuten vorbei, ohne dass es jemandem auffällt."

„Und jetzt?"

„Jetzt werden wir, das heißt Sie und mein Mitarbeiter, die Flasche suchen und wenn Sie sie gefunden haben, laden Sie alle Anwesenden der Lesung zu einem kleinen Umtrunk in ihr Geschäft ein."

„Mit welcher Begründung denn? Die werden sich doch wundern, wenn ich sie einfach so ohne Grund einlade."

„Sagen Sie, es ist eine kleine Wiedergutmachung für den Schrecken, den sie alle erlitten haben müssen, als sie durch die Medien erfuhren, dass im Anschluss an die Weinverkostung letzten Freitag ein Mitglied ihrer Runde ermordet wurde. Setzen Sie ein möglichst frühes Datum fest, am besten noch diese Woche, an dem alle Anwesenden von letzten Freitag Zeit für den Umtrunk haben. Wenn alle im Laden sind, erklären Sie, dass Sie ihnen ein paar ganz besondere Weine aus Ihrem Keller kredenzen werden."

„Und dann?"

„Dann“, sagte Lotz und grinste wie ein Haifisch, „schnappt die Falle zu.“

In dem alten Schrank, der in der hintersten Ecke des Weinkellers stand, war es heiß, dunkel und stickig. Außerdem fühlte ich mich noch zusätzlich durch die Anwesenheit Kommissar Krauses bedrängt. Dass er zum Abendessen augenscheinlich – oder genauer: nasenscheinlich – ‚Handkäs mit Musik‘ gegessen hatte, vereinfachte die Rahmenbedingungen auch nicht gerade.

„Verdammt“, fluchte er unterdrückt, als ich ihm, mehr oder weniger unbeabsichtigt, meinen Ellbogen in die Rippen stieß.

„’tschuldigung. Tut mir leid.“

„Wenn ich das nur glauben könnte“, zischte er.

Vielleicht war er doch nicht so dumm, wie ich bisher gedacht hatte.

„Wie lange wird dieses Versteckspiel eigentlich noch dauern?“ fragte er unwirsch. „Ich hätte nie auf Ihren vermaledeiten Chef hören sollen. Der und seine dämlichen theatralischen Ideen.“

„Nun hören Sie schon auf rumzumeckern“, knurrte ich. „Ich würde mich auch lieber an einer wohlproportionierten Blonden oder Brünetten reiben als an Ihnen, Sie Klappergestell. Außerdem ist der Sinn der Übung, dass wir ruhig sind. Oder wollen Sie, dass der Täter uns hört, wenn er kommt, um seine Flasche abzugreifen?“

„Mir ist sowieso nicht klar, wieso er das tun sollte.“

„Hören Sie eigentlich nie zu, wenn man Ihnen was erklärt?“ fragte ich genervt. „Lotz hat es Ihnen doch ausführlich dargelegt. Wenn der gute Weinhändler seinen Gästen oben im Laden eröffnet, dass er ihnen seltene Weine aus seinem Keller auftischen wird, dann wird der Mörder Brohlers sein Weinversteck gefährdet sehen und bei der ersten Gelegenheit hier herunterkommen, um die verdammte Flasche mit dem kanadischen Krönungsgesöff an sich zu bringen.“

„Warum sollte er das tun? Laut Aussage ihres Bosses war es ihm letzten Freitag doch auch zu riskant, mit der Flasche unter der Jacke durch die Menge zu traben.“

„Ja, aber diesmal wird er keine andere Möglichkeit sehen. Der Weinhändler wird erklären, dass er mal so richtig in die Vollen langen wird, um auch wirklich ganz tolle Weine zu Tage zu fördern."

„Das ist doch oberauffällig. Oder finden Sie das sehr subtil?"

„Subtil, subtil", schnaubte ich. „Wie subtil ist es denn, einem anderen einen Korkenzieher in den Hals zu rammen? Und jetzt halten Sie endlich die Klappe. Ich will nicht, dass wir hier auffliegen."

Beleidigt verfiel Krause in Schweigen.

Eine halbe Stunde später hörten wir die ersten Geräusche. Da sie auf den vorderen Teil des Kellers beschränkt waren, wussten wir, dass es der Weinhändler sein musste, denn er hatte alle Weine, die er auszuschenken gedachte, in der Nähe der Tür deponiert, während wir in unserem Schrank nicht unweit der *Krönungswein*-Flasche steckten, die wir in ihrem Versteck im hinteren Teil des Kellers belassen hatten, nachdem wir sie im Laufe einer längeren Suchaktion tatsächlich gefunden hatten.

Weitere zwanzig Minuten tickten vorbei, während Lotz oben im Laden mit seiner sonoren Stimme den Vorleser des Abends mimte und irgendwelche wilden Geschichten von Lucullus zum Besten gab – in der Übersetzung, nicht im lateinischen Original; dazu hatten wir ihn gerade noch überreden können, obwohl er meinte, dass das Ganze durch die Übersetzung doch etwas an Schwung verlöre. Gott erhalte ihm seinen kindlichen Glauben.

Und dann ertönte auf einmal ein Geräusch in unmittelbarer Nähe des Schrankes. Zuerst war es ein Schlurfen, wie von Schritten, die sich näherten. Dann das leise Klirren von Glas gegen Glas. Jemand machte sich an den Flaschen im hinteren Teil des Kellers zu schaffen.

Vorsichtig schob ich mein Auge an das Guckloch, das ich in die Tür des Schrankes gebohrt hatte. Und da war unser Täter. Hochgewachsen, schlank, eine gepflegte Erscheinung in Anzug und langem Mantel. Vorsichtig zog er die Flasche aus ihrem Versteck und schob sie unter den Mantel.

Neben mir hatte Krause es mir gleich getan und sog, das Auge gegen sein Guckloch gepresst, die Luft ein.

„Was ist los?" flüsterte ich. „Kennen Sie ihn?"

„Das ist Dr. Meisenberger, einer der erfolgreichsten Strafverteidiger der Stadt."

Gegen Ende des Satzes war seine Stimme immer lauter geworden und Meisenbergers Kopf fuhr in unsere Richtung herum. Er hatte uns gehört. Aber das machte jetzt nichts mehr. Wir hatten ihn in flagranti ertappt. Zeit, den Übeltäter zu schnappen.

Mit einem Krachen flogen die Schranktüren auf, als wir uns auf den Anwalt stürzten. Entsetzt wich er vor uns zurück, war jedoch zu gelähmt, um die Flucht zu ergreifen. Krause hatte seine Dienstpistole gezogen und richtete sie auf Meisenberger.

„Halt!" brüllte er.

„Sagen Sie jetzt bloß nicht ‚Hände hoch'", belehrte ich ihn, da ich um das Wohl der Flasche fürchtete. Schnell trat ich auf Meisenberger zu, griff nach der Hand, die er immer noch unter seinem Mantel verborgen hielt, und zog sie hervor.

„Was haben wir denn hier?" fragte ich.

Es war die Flasche mit dem *Krönungswein*.

Widerstandslos ließ sich Meisenberger von uns in den Verkaufsraum der *Weinrebe* führen. Dort, vor genug Publikum, lief er jedoch zu Hochform auf.

„Ich weiß gar nicht, was Sie von mir wollen!" ereiferte er sich, als wir in den Laden traten. „Ich sah nur, dass der Keller auf war, und dachte mir, ich schau mal, was dort so an Weinen lagert."

„So wie Ende letzter Woche?" erkundigte sich Lotz unschuldig, während er sein Lucullus-Reklamheft beiseite legte.

„Was wollen Sie mir eigentlich unterstellen?" fuhr ihn Meisenberger an. „Dass ich den Wein stehlen wollte?"

Lotz lächelte freundlich. „Genau das. Und, was noch wesentlich wichtiger ist, dass sie Heinrich Brohler, den Feuilletonisten der *Neuen Nachrichten*, letzten Freitag ermordet haben."

„Was erlauben Sie sich?" keifte Meisenberger und stieß ein Lachen aus, das Lotzens Verdächtigung für völlig haltlos und lächerlich erklärte und für das er eigentlich den Oscar verdient hätte. „Das ist doch wohl ein schlechter Witz."

„Wohl kaum", bemerkte Lotz mit spürbar kälterer Stimme als zuvor. In knappen Worten schilderte er, wie er sich den Tathergang vorstellte. Dabei bewahrte Meisenberger zwar oberflächlich sein Pokerface, doch ein kaum merkliches Flackern in seinen Augen verriet mir, dass Lotz mit seiner Schilderung gar nicht so weit daneben lag. Auch Lotz musste es gesehen haben, denn als nächstes fuhr er seinen Trumpf auf.

„Wenn Sie es tatsächlich nicht waren, dann wird sich das ja bald herausstellen", erklärte er. „Wie Kommissar Krause mir heute Abend berichtete, hat die KTU auf der Tatwaffe, obwohl diese säuberlich abgewischt worden war, den Rest eines Fingerabdruckes sicherstellen können. Jetzt muss die Polizei nur noch diesen Rest mit Ihren Fingerabdrücken vergleichen und voilà ..."

Er ließ den Satz in der Luft hängen.

Krause öffnete den Mund, um etwas sagen – vermutlich etwas Dummes, wie zum Beispiel „Aber wir haben doch gar keinen Fingerabdruck gefunden" – doch bevor er auch nur ein Wort herausbringen konnte, jagte ich ihm den Absatz meines Schuhs in den Fuß. Krause schrie auf, schloss kurz den Mund und öffnete ihn erst wieder, um ein unflätiges Fluchen auszustoßen.

„'tschuldigung", sagte ich wieder. „Tut mir leid."

Meisenberger, der wie betäubt auf Lotz starrte, sackte in sich zusammen. „Dieser Trottel wollte es tatsächlich dem Ladenbesitzer erzählen", sagte er. „Können Sie sich das vorstellen? Da hält er einen der seltensten Weine der Welt in der Hand und will es an die große Glocke hängen. So jemandem kann man doch eine solche Kostbarkeit nicht überlassen. Aber ich ..." Er richtete sich auf und seine Augen leuchteten. „Ich hätte diesen Jahrhundertfund zu würdigen gewusst."

„Es ging ihnen also nicht um das Geld, das man für den Verkauf dieser Flasche erzielen konnte, richtig!?" fragte Lotz.

„Geld!" Meisenberger lachte verächtlich. „Wer denkt denn bei so etwas ans Geld. Aber diesen Wein zu besitzen, ihn in den Händen zu halten ... Das verstehen Sie nicht."

„Also ergriffen Sie den Korkenzieher und stachen zu", sagte Lotz ruhig.

Meisenberger nickte. „Ich kann mich nicht einmal mehr daran erinnern, wie ich auf Brohler los bin, aber auf einmal lag er vor mir am Boden. Und dann war da all das Blut. Ich weiß auch nicht, was über mich kam."

„Weingeist", bemerkte ich gehässig, denn meiner Meinung nach führte Meisenberger hier ein ziemliches Theater auf. Immerhin war er nach der angeblichen Affekttat noch so cool gewesen, die Weinflasche zu verstecken. Kurz und gut, ich kaufte ihm seine Version nicht ab. Ebenso wenig wie Lotz, was dieser auch sagte.

In diesem Moment ging eine unheimliche Verwandlung in unserem anscheinend doch so gebrochenen Täter vor, denn bevor noch jemand reagieren konnte, hatte er Krause, der immer noch seine Waffe in der Hand hielt, zwischen die Beine getreten, den keuchenden Kommissar beiseite gestoßen und hetzte durch die versammelten Weinfreunde auf die Tür nach draußen zu.

Krause war für den Moment aus dem Spiel und Lotz viel zu beleibt, um schnell reagieren zu können. Aber dafür hat er ja auch mich.

Ohne lange zu überlegen riss ich den Arm hoch, in dem ich die Flasche *Krönungswein* hielt und schleuderte sie dem Flüchtenden nach.

„Um Gottes willen!" schrie der Weinhändler und stürzte ihr hinterher.

Mit einem dumpfen Schlag traf der Flaschenboden Meisenberger am Hinterkopf und ließ ihn wie einen geschlachteten Ochsen zu Boden gehen. Die Weinflasche wurde zur Seite abgelenkt und trudelte in Richtung Fliesen. Glücklicherweise war unser Weinhändler zur Stelle. Mit einem Hechtsprung erreichte er die segelnde Flasche und bekam sie zu packen, kurz bevor er mit einem lauten „Umpf!" auf dem Boden aufschlug.

„Da haben Sie ihren Täter", verkündete neben mir ein sichtlich zufriedener Julius Lotz dem immer noch nach Atem ringenden Kommissar Krause, dem es gerade nicht möglich war, den Abschluss des Falles so recht zu würdigen.

Ich ließ die beiden stehen und ging zu Meisenberger hinüber.

Er war bewusstlos und würde es sicher auch noch eine Weile bleiben. Eine Stelle an seinem Hinterkopf schimmerte, weil etwas Feuchtes die Haare verklebte.

„Verdammt“, sagte ich. „Ist die Flasche doch kaputt gegangen?“

Neben mir rappelte sich der Weinhändler auf und beäugte das seltene Stück. „Nein. Sehen Sie selbst.“

Er reichte mir den *Krönungswein* und ich tastete über das Glas. Alles heil geblieben. Schwein gehabt. Den hätte ich mir bei meinem Gehalt auch nicht leisten können.

Lotz trat zu uns. „Und alles nur wegen eines seltenen Weins.“

Unser Klient schaute ihn ernst an. „Schon, aber ich habe mich heute über diese Flasche schlau gemacht und ich sage ihnen: Das ist aber auch ein Weinchen!“

„Ja“, sagte ich. „Nur ein wenig blutig im Abgang.“

Der vierte Schwätzer

I.

Julius Lotz kochte, eine Tatsache, die sich nur zum Teil auf die Hitze zurückführen ließ, die nach langem Warten endlich über das Land hereingebrochen war. Diese wirkte sich zwar auch auf die beachtlichen Pfunde aus, mit denen er wucherte, der eigentliche Grund für seinen Zustand jedoch war ein anderer.

Es herrschte Sauregurkenzeit. Kurzum, mit dem Sommer standen unserer kleinen mittelhessischen Metropole Gießen auch die langen Semesterferien bevor, eine Kombination, die jedes Jahr wieder den ohnehin nicht gerade hektischen Herzschlag der Stadt noch weiter senkte.

„Dabei ist es nicht einmal so, als würden die meisten Verbrechen von den bereits abwesenden langhaarigen Bombenlegern verübt, die sich jetzt irgendwo in der Sonne aalen, anstatt ordentlich für ihre Prüfungen zu büffeln", knurrte Lotz missgelaunt. „Aber trotzdem – das Verbrechen ist merklich zurückgegangen."

Womit er recht hatte. Schon seit drei Wochen war niemand mehr ermordet worden und es hatte auch niemand das Verschwinden unersetzlich kostbarer Juwelen zu vermelden, deren Suche sich Lotz und ich hätten widmen können. Aber so war es nun einmal im Sommer.

„Jetzt machen auch die Verbrecher Ferien", erklärte ich aufgeräumt und ohne den Blick vom Solitaire auf meinem Laptop zu heben, während ich gleichzeitig nach einer günstigen Möglichkeit suchte, meine Herz-Dame an den König zu bringen. „Sollten Sie vielleicht auch einmal ausprobieren."

Lotz winkte ab.

„Ach, papperlapapp. Urlaub ist etwas für ..." Er suchte nach den passenden Worten.

„Normale Menschen?" schlug ich vor.

Lotz schnaubte.

Ich zuckte die Achseln.

„Was machen Sie da eigentlich?“

Ich blickte auf. „Urlaub“, sagte ich.

„Sehr witzig. Dafür bezahle ich Sie aber nicht. Machen Sie sich nützlich und holen sie die Zeitung rein.“

Die Zeitung! Sie war schon immer ein unverzichtbares Instrument für Lotzens Suche nach neuen Fällen und möglichen Auftraggebern gewesen, doch seit wir die *Neuen Nachrichten* gratis erhielten, weil wir im letzten Jahr den Mord am zeitungseigenen Feuilletonisten und Weinkritiker auf recht medienwirksame Weise aufgeklärt hatten, genoss er ihre Lektüre noch mehr.

Ich erhob mich also und begab mich auf den Weg zur Haustür von Lotzens Villa. Die Zeitung würde schon irgendwo auf den Stufen oder im angrenzenden Gebüsch zu finden sein – so wie jeden Tag um diese Zeit. Man konnte fast sagen, dass die Suche nach ihr meinen allmorgendlichen detektivischen Frühsport darstellte.

„Bin gespannt, womit sie uns heute unterhalten“, sagte ich. „Mit der Geburt eines dreiköpfigen Kalbes, einem Fall von Unzucht mit abhängigen Haustieren im Vogelsberg oder der Entführung eines Parapsychologieprofessors durch irgendwelche Geisterwesen.“

Lotz schüttelte den Kopf. „Werden Sie endlich erwachsen.“

„Das hat bisher auch nicht geklappt“, erklärte ich.

„Leider.“

Diesmal fand ich die Zeitung in Lotzens glücklicherweise ausgetrocknetem Vogelbad, schnappte sie mir und schlenderte zurück in Richtung Büro. Dabei überflog ich die Schlagzeilen.

„Und?“ fragte Lotz, als ich den Raum betrat. „Haustiere oder Geisterwesen?“

„Besser“, verkündete ich und grinste ihn an. Dann warf ich die Zeitung auf seinen Schreibtisch, so dass sie mit der Titelseite nach oben landete.

Lotz überflog die Schlagzeile und den darunter stehenden Text und ein Lächeln, breit wie ein Bauarbeiter am Mittag, zerteilte seine fülligen Wangen.

„Oh ja“, sagte er und die Augen unter den buschigen Brauen blitzten. „Sie haben recht. Das ist besser. Viel besser!“

Als ich den kleinen und mir dank des früheren Falles mit dem ermordeten Weinkritiker gut bekannten Weinladen am Rande der Fußgängerzone betrat, klingelte leise das vertraute Glöckchen über meinem Kopf. Mit einem Klacken fiel die Tür hinter mir ins Schloss. Gleichzeitig erreichte die unverkennbare Mischung aus Holz- und Weingerüchen meine Nase und ich lächelte leicht. Der etwa sechzig Quadratmeter große Raum mit seinen unzähligen, in Wandregalen gelagerten Flaschen aus aller Welt, erschien mir angenehm kühl nach der draußen herrschenden Hitze. An der dem Eingang gegenüberliegenden Wand, verschanzt hinter seinem Verkaufstresen, hockte der Betreiber des Ladens. Er hatte sich nicht sehr verändert, seit ich ihn das letzte Mal gesehen hatte. Noch immer war er ein dürres Bürschlein mit langen Haaren und einer für einen respektablen Verkäufer in Mittelhessen nahezu unakzeptabel schlechten Rasur.

Beinahe traurig sah er mich an.

„Sie“, sagte er nur.

Ich nickte. „Wir haben von Ihrem Missgeschick gehört.“

Ein müdes Grinsen zog sich über sein Gesicht. „Wenn jemand innerhalb eines knappen Jahres schon die zweite Leiche eines Ermordeten findet, dann ist das wohl etwas mehr, als ein Missgeschick.“

„Es hätte schlimmer sein können“, beruhigte ich ihn.

„Ach ja?“

„Klar.“ Ich lächelte ihn unschuldig an. „Es hätte die gleiche Leiche sein können. Und das bei der momentanen Wärme ...“

Wenn dies überhaupt möglich war, dann wurde sein Blick noch müder.

„Sie sind ein Komiker.“

„Das sagt mein Chef auch immer.“

Der Weinhändler verdrehte die Augen und wir schwiegen uns an. Schließlich sagte er: „Kann ich etwas für Sie tun? Möchten Sie

Wein kaufen? Wir haben ein paar gute Flaschen Federspiel aus der Wachau hereinbekommen."

Ich schüttelte den Kopf. „Heute nicht. Vielleicht ein andermal. Heute bin ich hier, um Sie zu bitten mich zu Lotz zu begleiten."

„Wozu?" fragte er. „Ich habe zwar eine Leiche gefunden, doch das ist auch schon alles. Diesmal bedroht diese Tatsache aber nicht mein Geschäft, wie das beim letzten Mal der Fall war. Soll sich doch die Polizei darum kümmern. Mir egal, wie lange das dauert."

„Ach kommen Sie", sagte ich und lehnte mich gegen den Verkaufstresen. „Um der alten Zeiten willen. Lotz und ich langweilen uns da oben in der Villa zu Tode. Entschuldigung", fügte ich an, als ich sah, wie er bei meinen Worten zusammenzuckte. „Aber jetzt mal ehrlich. In Wahrheit ist es Ihnen doch überhaupt nicht egal. Tief in Ihrem Innern wissen Sie ganz genau, dass Sie erst wieder ruhig werden schlafen können, wenn Sie erreicht haben, dass man den Mörder fasst – wobei Lotz und ich ins Spiel kommen."

Der Weinhändler schüttelte den Kopf und lachte leise. „Mann, können Sie kariert quatschen. Aber schon gut, ich komme mit. Ist heute eh nichts los. Die Stadt kommt mir zurzeit wie verlassen vor."

„Nur ein Mörder rennt noch frei herum", sagte ich.

Der Weinmann machte eine resignierende Handbewegung. „Nun brechen Sie sich mal keinen ab. Ich sagte doch schon, dass ich mitkommen werde."

„Ah, da sind Sie ja. Gut, gut, gut, gut, gut." Mit einem im wahrsten Sinne des Wortes feisten Grinsen kam Lotz, sich die Hände reibend, um seinen Schreibtisch herum, ergriff die Hand des Weinhändlers und orgelte sie wie einen Pumpenschwengel auf und ab.

Mit einem schmerzverzerrtem Ausdruck auf dem Gesicht entzog der Weinmann Lotz die Hand. „Ist ja schon gut."

Ohne der Reaktion des Weinhändlers weiter Beachtung zu schenken – wie es nun einmal Lotzens Art ist – drehte mein Boss sich um, watschelte zu seinem Schreibtisch und ließ sich in die Polster seines Sessels fallen. Gemütlich lehnte er sich zurück, faltete die Hände über dem gewölbten Bauch und sagte:

„Na, dann fangen Sie mal an."

Der Weinhändler zögerte noch einen Moment, was mir genug Zeit ließ, mich an meinem Schreibtisch niederzulassen, um Notizen des Gesagten zu machen.

Nach einer Weile hatte der Weinhändler seine Gedanken wohl gesammelt und sagte: „Also, das war so ..."

Lotz beugte sich ein wenig vor, gespannt wie ein extrem beleibter Flitzebogen, wenn man sich denn so etwas vorstellen kann. „Ja?"

Der Weinhändler stieß die Luft aus und fuhr fort: „Vor drei Tagen, es war schon ziemlich spät in der Nacht ... oder sehr früh am Morgen, ganz wie Sie wollen ..."

„Uhrzeit?" fragte Lotz.

„Ich weiß nicht genau. Halb fünf etwa."

„Mmh", machte Lotz. „Sehr früh am Morgen, würde ich sagen."

„Ja, nun ... ich war jedenfalls auf dem Weg vom Bahnhof zu mir nach Hause und ging ..."

„Was machten Sie denn um diese Zeit auf der Straße?" unterbrach ihn Lotz.

Es war ein sicheres Zeichen für Lotzens verzweifelten Wunsch nach einem neuen Fall, dass er unseren Zeugen so oft unterbrach, denn das war an sich sonst gar nicht seine Art. Üblicherweise ließ er die Leute erzählen und stellte seine Fragen erst später.

Ich räusperte mich.

Lotz warf mir einen Blick zu, lächelte peinlich berührt, nickte mir zu und wandte sich wieder an den Weinmann. „Verzeihen Sie. Ich bin wohl heute ein bisschen übereifrig."

Der Weinmann winkte ab. „Schon gut. Soll ich fortfahren?"

„Ich bitte darum."

„Ich war also auf dem Weg vom Bahnhof nach Hause und ging die Fußgängerzone hinunter. Vorher war ich außerhalb auf einer Weinprobe gewesen und die hatte etwas länger gedauert als erwartet.“ Er grinste. „So etwas kommt schon mal vor. Es war übrigens eine Weinprobe mit Krimilesung, wobei der Krimi extra für den entsprechenden Laden geschrieben worden war.“ Er zögerte einen Moment und blickte ins Leere. „Sollte ich bei mir vielleicht auch einführen“, überlegte er laut. Dann kehrte er aus seinen Gedanken zu uns zurück und fuhr fort: „Ich hatte mich jedenfalls verquatscht ...“

„Und wohl auch ein wenig vertestet, was?“ warf ich ein.

Der Weinhändler lachte. „Ja, das wohl auch. Jedenfalls ging ich ganz gemächlich die Fußgängerzone entlang. Das erste Licht des Tages kam schon so langsam auf und es war ein bisschen neblig. Eigentlich eine schöne Atmosphäre, um spazieren zu gehen. Ich kam mir vor wie der einzige Mensch auf Erden.“

„Sehr poetisch“, bemerkte Lotz.

Der Weinhändler senkte schuldbewusst die Augen. „Äh, ja ... es kommt halt manchmal über mich.“

„Das kenne ich“, sagte Lotz. „Mir geht es ganz genau so mit Essen.“

Liebevoll strich Lotzens Hand über die Wölbung unter seiner Anzugweste, während der Weinhändler ihn noch einen Moment lang verdattert ansah, bevor er den Faden wieder aufnahm.

„Was ich damit sagen wollte“, sagte er, „war jedenfalls Folgendes: Es war ein schöner, ein wenig geheimnisvoller Morgen, ich war angenehm müde und genoss den Heimweg und die Aussicht auf mein Bett, das zu Hause auf mich wartete. Irgendwann begann ich, ein wenig weiter voraus zu schauen, als ich es bis zu diesem Augenblick getan hatte, und etwa fünfundzwanzig Meter rechts vor mir konnte ich die Umrisse der drei Schwätzer erkennen, die sich langsam aus dem Nebel schälten.“

Er stoppte seine Erzählung, um kurz Luft zu holen. „Wie Sie ja zweifelsohne wissen, handelt es sich bei diesem Wahrzeichen der Stadt um die metallenen Skulpturen einer älteren Frau und zweier ebenso nicht mehr ganz taufrischer Männer, die scheinbar ins Gespräch vertieft an einem Abzweig von der Fußgängerzone stehen.“

Lotz nickte. „Das ist wohl jedem Einwohner der Stadt bekannt.“

Der Weinmann räusperte sich. „Äh ja ... Mit einer gewissen Genugtuung jedenfalls nahm ich den gewohnten Anblick wahr, der mir verriet, dass ich es nicht mehr allzu weit bis nach Hause hatte. Aber dann fiel mir auf, dass bei dem Bild, das sich mir bot, etwas nicht stimmte. Zuerst konnte ich gar nicht genau sagen, was es war, doch dann traf es mich auf einmal. Die drei Schwätzer waren an diesem Morgen zu viert!"

Er machte eine Pause.

„Zunächst nahm ich an, dass der vierte Schwätzer jemand war, der eine kurze Rast auf seinem Weg zur Arbeit eingelegt und sich dabei die Figurengruppe als Gesellschaft ausgesucht hatte. Oder einer aus der Gruppe von Punkern, die sich oft auf den Bänken an dieser Stelle aufhalten, aber ehrlich gesagt bezweifelte ich, dass sich einer von denen so früh bereits hierher begeben hatte, um eventuelle Passanten um den berühmt-berüchtigten Euro anzuhauen. Aber das war letztendlich auch egal, denn zu diesem Zeitpunkt war ich schon neugierig geworden. Also behielt ich die Figurengruppe im Auge. Dabei wurde mir klar, dass es noch etwas gab, das nicht stimmte."

Lotz beugte sich wieder gespannt nach vorn.

„Und dann kapierte ich." Der Weinhändler klatschte sich gegen die Stirn. „Sicher! Die Person bewegte sich nicht, hatte sich nicht einmal gerührt, seit ich sie zum ersten Mal erblickt hatte. Und nicht nur das. Sie stand auch nicht für sich allein und auf ihren eigenen Füßen, sondern lehnte gegen einen der dicken metallen Männer."

Seine Augen verloren ihren Fokus, schienen in die Vergangenheit zu blicken.

„Der ist wahrscheinlich noch müder als ich, dachte ich zunächst, aber dann kam mir ein anderer Gedanke. Was, wenn es dieser Person nicht gut ging, wenn sie unerwartet gesundheitliche Probleme bekommen hatte, wenn ihr schlecht geworden war oder etwas Ähnliches? Damit ist schließlich nicht zu spaßen. Also schwenkte ich von meinem bisherigen Weg ab und nahm Kurs auf die Schwätzer. Als ich mich ihnen bis auf wenige Schritte genähert hatte, kam ich mir auf einmal etwas lächerlich vor. Wenn es nun doch nur jemand war, der sich ein bisschen ausruhen wollte? Aber dann dachte ich mir: Fragen kostet ja nichts. Also räusperte ich mich. Keine Reaktion. Ich räusperte mich erneut – wieder nichts. Schließlich sagte ich: ‚Ähem ... hallo. Guten Morgen. Sind Sie in Ordnung?' Immer noch keine Reaktion. Der Mann – ich konnte mittlerweile sehen, dass es ein Mann war, der dort lehnte – rührte sich nicht. Dabei musste er doch hören, dass ich ihn ansprach. ‚Hallo?' sagte ich wieder. Immer noch nichts. Das gefiel mir überhaupt nicht, daher trat näher, streckte den Arm aus und berührte den Mann an der Schulter, tippte ihn zunächst nur ganz leicht an. Als das keine Wirkung zeigte, schüttelte ich ihn schließlich ein bisschen."

Müde schluckte der Weinhändler.

„In diesem Moment begann der Mann zu kippeln. Erst rutschte er ganz langsam an der Schulter der Figur entlang, gegen die er lehnte, bevor er schließlich richtig umkippte. Dabei war er steif wie ein Brett. Sein Kopf schlug mit einem ‚Klonk' gegen den Metallbusen der Schwätzerin, bevor er auf dem Boden landete und einfach liegen blieb. Im Fallen hatte er sich gedreht und lag nun auf dem Rücken und zum ersten Mal sah ich sein Gesicht. Sein Gesicht und das Loch zwischen seinen Augen. Einen Moment starrte ich noch wie erfroren vor Schreck auf ihn, dann begann ich zu schreien. *Holy crap*!"

II.

„Holy crap", sagte Lotz. „So, so."

„Ja. Holy crap."

„Und", erkundigte sich Lotz, „fiel Ihnen dabei etwas Ungewöhnliches auf?"

„Sie meinen außer der Tatsache, dass der Mann offensichtlich mit einem Schuss zwischen die Augen ermordet worden war?" fragte der Weinhändler.

„Sie haben es erfasst", sagte Lotz. „Wie ist es nun? Fiel Ihnen etwas auf?"

„Was zum Beispiel?"

Lotz zuckte mit den Achseln. „Ich weiß nicht ... ein Mann mit einer rauchenden Pistole in der Hand, der sich vom Tatort entfernte? Obwohl, wenn ich recht überlege, dann wird es sich bei dem Standort der Schwätzer gar nicht um den Tatort gehandelt haben. Sie sagten, der Ermordete sei steif wie ein Brett gewesen, das heißt, er muss schon eine ganze Weile tot gewesen sein. Unwahrscheinlich, dass er so lange unentdeckt zwischen den Schwätzern gestanden haben wird. Es ist zurzeit zwar nicht viel los in der Stadt, aber immerhin noch genug, dass immer wieder jemand an der Stelle vorbeikommt. Wir können also wohl davon ausgehen, dass der Mord woanders geschah und das Opfer lediglich an diesem öffentlichen Ort ‚abgestellt' wurde."

„Das leuchtet ein", sagte der Weinmann.

„Also?" fragte Lotz. „Wie ist es nun mit anderen Beobachtungen?"

Der Weinhändler schüttelte den Kopf. „Da fällt mir nichts ein. Wie ich schon sagte, war es sehr neblig und die Sicht einigermaßen eingeschränkt."

„Sie sagten aber, dass Sie die Schwätzer schon aus etwa fünfundzwanzig Metern Entfernung sehen konnten", gab ich zu bedenken.

„Das schon, aber in der Fußgängerzone war niemand. Ich bin auf dem ganzen Weg vom Bahnhof keiner Menschenseele begegnet, außer ein paar Betrunkenen, die in der Nähe des Elefantenklos herumwankten. Und in der schmaleren Einkaufsstraße, an deren Schnittpunkt mit der Fußgängerzone die Schwätzer stehen, war auch niemand zu sehen." Er lächelte entschuldigend. „Mit einem möglichen Mörder kann ich also nicht dienen."

„Dafür können Sie ja nichts", sagte Lotz. Er krauste die Stirn. „Ist Ihnen vielleicht etwas anderes aufgefallen? Haben Sie eventuell etwas gerochen – noch in der Luft hängendes Parfüm oder so etwas? Oder haben Sie irgendein ungewöhnliches Geräusch gehört?"

Der Weinhändler schüttelte wieder den Kopf, hielt dann jedoch abrupt inne. „Moment, Sie haben recht. Da war wirklich etwas."

Neugierig rutschten sowohl Lotz als auch ich in unseren Schreibtischsesseln vor.

„Noch während ich auf die Schwätzer zuging, hörte ich vom Ende der kleineren Einkaufstraße, da wo die Parkplätze hinter dem Theater liegen, einen lauten Knall."

„Was für eine Art Knall?" fragte Lotz. „Wie von einem Schuss? Einem Unfall? Wie zwei Wagen, die ineinander fahren?"

„Nein, nein. Der Knall klang eher wie die Fehlzündung eines Autos."

„Aha!" rief Lotz triumphierend. „Das ist doch schon mal was!"

Ich zog die Augenbrauen hoch. Einen Wagen mit Fehlzündung in einer 80.000-Einwohner-Stadt zu finden, und dann auch noch den richtigen, ließ die Suche nach der berühmten Stecknadel im Heuhaufen geradezu lächerlich simpel erscheinen. Um die gute Stimmung, die Lotzens Ausbruch bewirkt hatte, aber nicht zu trüben, beschloss ich für den Moment meine vorlaute Klappe zu halten.

„Können Sie uns sonst noch etwas sagen?" fragte Lotz den Weinmann.

„Nein, ich fürchte, das ist alles. Können Sie denn etwas damit anfangen?"

Lotz wiegte seine Rechte in der Luft. „Wir werden sehen", sagte er langsam. „Wir werden sehen."

Als der Weinhändler gegangen war, schaute ich zu Lotzens Schreibtisch hinüber. „Na, viel ist das ja nicht."

„Da haben Sie recht. Wir hatten schon mal mehr Informationen, von denen wir bei der Lösung eines Falles ausgehen konnten."

„Und was machen wir jetzt?"

Ein kaum merkliches Lächeln zuckte über Lotzens Züge. „Wir schauen mal, ob wir nicht doch noch mehr Fakten in Erfahrung bringen können."

„Von wem sollen die denn kommen?"

Lotz grinste. „Von dem Toten."

Die Verbindung mit der Pathologie war schnell hergestellt. Als sich Dr. Brauer am Apparat meldete, überließ ich Lotz das Weitere, hörte dem Gespräch jedoch vom Anschluss auf meinem Schreibtisch zu.

„Hallo Doktor. Wie läuft's bei Ihnen?"

„Sie wissen doch, wie es ist", sagte Brauer mit einem Lachen. „Wir haben immer ein volles Haus."

Ist wohl eher ein voller Keller, dachte ich, mischte mich aber nicht in das Gespräch zwischen den beiden alten Sangesbrüdern ein.

„Aber sie haben doch nicht angerufen, um mich das zu fragen."

Lotz schnalzte anerkennend mit der Zunge. „Da haben Sie recht, mein Lieber. Ich interessiere mich für einen Ihrer Kunden."

„Welchen?"

„Den Ermordeten, den man vor ein paar Tagen bei den Schwätzern gefunden hat."

„Ach", lachte Doktor Brauer schon wieder. „Der vierte Schwätzer." Es war mir ein Rätsel, wie man bei seinem Job eine solche Frohnatur sein konnte.

„Haben Sie da irgendetwas Interessantes für mich?" erkundigte sich Lotz.

„War schon einige Zeit tot, als man ihn fand. Etwa neun bis zehn Stunden."

Ich konnte sehen, wie Lotz die Zahlen überschlug. Demnach musste der Tote am frühen Abend des Tages, bevor ihn der Weinhändler fand, ungefähr zwischen 18.30 und 19.30 Uhr, vom Leben zum Tode befördert worden sein.

„M-mh", brummelte Lotz. „Hat der Mensch auch einen Namen? Ich meine, ist er identifiziert worden?"

„Oh ja." Am anderen Ende der Leitung war das Rascheln von Papier zu vernehmen. „Er hieß ... warten Sie ... Theo Ladwig."

„Ludwig?"

„Nein, Ladwig."

„Sagt mir nichts."

„Ich kannte ihn auch nicht, bevor er bei mir auf dem Tisch gelandet ist. Mittlerweile weiß ich allerdings mehr über ihn, als seine eigene Mutter."

„Was Interessantes dabei?“

„Kann man nicht sagen. Jedenfalls nichts, was mit dem Mord in Verbindung stünde. Das einzige, was Sie in dieser Beziehung interessieren dürfte, ist, dass er mit einer Kugel Kaliber 9mm erschossen wurde. Auf relativ kurze Distanz. Wir haben Schmauchspuren rund um die Eintrittswunde gefunden. Außerdem wiesen ihre Ränder Verbrennungen auf, so dass die Mündung nicht allzu weit von seinem Kopf entfernt gewesen sein kann.“

„Er kannte also seinen Mörder“, folgerte Lotz.

„Ist wohl anzunehmen. Sonst hätte Ladwig den Täter mit Sicherheit nicht so nahe an sich herangelassen.“

„Das ist alles?“

„Alles, was für Sie von Wichtigkeit sein dürfte. Soll ich Sie anrufen, wenn mir noch etwas einfällt?“

„Das wäre nett.“ Lotz machte Anstalten das Gespräch zu beenden, doch dann schien ihm noch etwas einzufallen. „Eine Kleinigkeit noch, Brauer. Haben Sie den Toten schon freigegeben?“

„Wurde sofort von mir versorgt und ist gestern Nachmittag schon aus dem Haus.“

„Das war ja ein Blitzservice. Ist man bei Ihrem Verein gar nicht gewöhnt.“

„Hier ist gerade nicht ganz soviel los, wie sonst. Da geht alles ein wenig schneller als üblich.“

„Prima. Ich danke Ihnen, Doktor.“

„Keine Ursache.“

Lotz legte auf und ohne mich eines Blickes zu würdigen, begann er in den *Neuen Nachrichten* zu blättern.

„Oh“, sagte er schließlich. „Das ging ja schnell.“

Ich blickte ihn fragend an. Statt mir jedoch auf meine unausgesprochene Frage zu antworten, stellte er selber eine.

„Sagen Sie, haben Sie einen schwarzen Anzug?“

Drei Tage später fand ich mich gegen zehn Uhr morgens auf dem Friedhof wieder, auf dem Theo Ladwig zu Grabe getragen wurde. In den Händen hielt ich eine gute, altmodische Spiegelreflexkamera mit einem überaus brauchbaren Teleobjektiv.

Der Job, den mir Lotz zugewiesen hatte, war äußerst simpel.

„Fotografieren Sie alle Anwesenden auf Ladwigs Beerdigung", hatte er gesagt, da er mangels anderer Anhaltspunkte weiterhin davon ausging, dass der Mörder Ladwigs in dessen Umfeld zu finden war und sich folglich auch auf dem Begräbnis einfinden würde. „Bis Sie die auf Film gebannt haben, sind uns die Hände gebunden."

Also drückte ich mich nun im Gebüsch herum und versuchte, so viele der Trauergäste wie nur möglich mit meiner Kamera einzufangen. Ich schoss Aufnahme um Aufnahme und nach einer gewissen Zeit war ich mir sicher, jeden der Anwesenden auf irgendeinem Foto verewigt zu haben.

Zu großen, dramatischen Abschiedsszenen kam es nicht. Es waren zwar einigermaßen viele Leute erschienen, doch eine Witwe, die tränenüberströmt am Grabe zusammenbrach, war nicht auszumachen. Überhaupt schienen mir wesentlich mehr Männer anwesend zu sein als Frauen, und die meisten von ihnen machten den Eindruck, dass sie ihre ernsten Mienen auch zu alltäglicheren Anlässen zur Schau stellten.

„Komischer Haufen", murmelte ich.

„Komischer Vogel", sagte eine Stimme hinter mir, und ich zuckte zusammen. Dann wandte ich mich um. Hinter mir stand, ebenfalls schwarz gekleidet und die Hände in die Hüften gestützt, Kommissar Krause.

„Krause!" schimpfte ich mit unterdrückter Stimme. „Schleichen Sie sich doch nicht so an. Sie haben mich fast zu Tode erschreckt."

Krause grinste hässlich. „Na, da hätten wir Sie nachher wenigstens nicht so weit transportieren müssen."

„Sehr witzig."

„Was machen Sie hier?" fragte er übergangslos. Seine Stimme klang gereizt, was sie meistens tat, wenn wir uns begegneten. Es war eigenartig mit Krause. Er war kein schlechter Polizist, aber Lotz war eben besser als er. Bis heute war ich mir nicht darüber im Klaren, ob das an ihrem unterschiedlichen Stil lag oder an etwas anderem. Auf alle Fälle warf die gereizte Beziehung, die aufgrund der Konkurrenz zwischen ihm und meinem Boss bestand, ihren Schatten auch auf unser Verhältnis, da ich nun einmal Lotzens Mitarbeiter und rechte Hand war.

„Schnüffeln Sie mal wieder herum?“ fragte er.

Ich dachte an die klobige Kamera und fragte mich, ob er sie wohl gesehen hatte, bevor ich sie hinter meinem Körper hatte verschwinden lassen können. Schließlich konnte er schon eine ganze Weile hinter mir gestanden und mich beobachtet haben.

Trotzdem schaute ich so arglos drein, wie es mir nur möglich war. „Als ob ich so etwas tun würde, Herr Kommissar.“

„Verscheißern Sie mich nicht“, sagte er und seine Augen blitzten mich an. „Und holen Sie endlich die Kamera hinter Ihrem Rücken hervor. Es sieht lächerlich aus, wenn Sie so verkrampft dastehen.“

Womit meine Frage von eben beantwortet war.

Ich tat ihm den Gefallen.

„Gutes Gerät?“ fragte er scheinheilig.

„Oh ja“, erwiderte ich. „Sehen Sie, wenn man hieran dreht, kann man ...“

„Schon gut, geschenkt“, knurrte er. „Hören wir doch auf mit diesem Kinderkram. Warum drücken Sie sich hier herum wie ein Exhibitionist auf Nonnenjagd? Hat Ihr Chef irgendein Interesse an dem Fall Theo Ladwig?“

„Ladwig?“ fragte ich.

Krause sah mich mahnend an.

Ein ziemlich schwacher Versuch, ich gebe es zu, aber den war es wert gewesen. Da er nicht geklappt hatte, musste ich es jetzt wohl mit der Wahrheit ausprobieren. Einer Art Wahrheit jedenfalls. Ich sah nicht, was das unter den Umständen schaden konnte.

Bevor ich jedoch noch zu einer Erklärung anzusetzen in der Lage war, schoss Krause schon die nächste Frage hinterher. „Der Mann hatte weder Familie noch Verwandte, und“, fügte er mit einem Seitenblick auf die Trauergäste hinzu, „ich kann mir nicht vorstellen, dass einer von seinen Geschäftspartnern“ – er schnaubte – „Sie engagiert hat. Also: Wer ist Ihr Klient?“

„Sie werden lachen“, sagte ich.

„Probieren Sie es aus."

„Es gibt keinen."

„Sie hatten recht. Haha. Und jetzt hören Sie endlich auf, mich zu verarschen. Das sagte ich doch eben schon."

Soviel also zu meinem Experiment mit der Ehrlichkeit. Ganz so leicht wollte ich aber trotzdem nicht aufgeben. „Wirklich, Krause, ich schwöre. Es gibt keinen Klienten. Es war nur einfach so, dass Lotz die Ausgangssituation sehr anregend fand."

„Anregend? Eine Leiche?" Krause zog die Augenbrauen hoch. „Na, herzlichen Glückwunsch."

„So meinte ich das nicht. Was ich sagen wollte, war, dass Lotz es spannend fand, einen Fall zu lösen, bei dem ein Unbekannter ein demgegenüber sehr bekanntes Wahrzeichen der Stadt dazu missbrauchte, sein Opfer loszuwerden – sozusagen in aller Öffentlichkeit, statt still und heimlich irgendwo anders, wie zum Beispiel in der Lahn. Sie müssen doch zugeben, dass diese Vorgehensweise ein bisschen außergewöhnlicher ist als sonst üblich. Und solche Dinge machen Lotz eben neugierig."

Krause schnaufte. „Es gibt nicht viel, das ihn nicht neugierig macht."

Da musste ich ihm allerdings zustimmen.

Wir starrten uns schweigend an.

„Und jetzt?" fragte ich, als ich des Starrens und Schweigens überdrüssig wurde.

„Jetzt verschwinden Sie von hier, bevor ich es mir anders überlege und Sie wegen Herumlungerns festnehme. Und dann fahren Sie schön nach Hause und sagen Lotz, dass er sich nicht in offizielle polizeiliche Ermittlungen einmischen soll. Hier geht es nicht um entlaufene Hunde. Das hier ist eine Nummer zu groß für ihn."

Interessant.

Allerdings konnte ich mir nicht allzu viele Dinge vorstellen, die Lotz als zu groß für sich betrachten würde.

„Haben Sie mich verstanden?" bohrte Krause nach.

„Klar", sagte ich. Natürlich wussten wir beide, dass Krauses Aufforderung, seine Finger aus dem Spiel zu lassen, Lotz nicht annähernd so interessieren würde wie die Frage, ob in China ein Sack Reis umfiel.

Und in diesem gemeinsamen Wissen trennten wir uns.

Ich bahnte mir meinen Weg durch die Botanik, wobei ich spürte, wie sich Krauses Augen in meinen Rücken bohrten. Als ich mich noch einmal nach ihm umsah, stand er immer noch an der gleichen Stelle, die Hände wieder in die Hüften gestemmt, und einen ärgerlichen, aber gleichzeitig irgendwie auch nachdenklichen Ausdruck auf dem Gesicht.

Was soll's? dachte ich. Nachdenken soll ja manchmal helfen.

Damit drehte ich mich wieder um und trabte auf das Friedhofstor zu, froh darüber, dass Krause vergessen hatte, mich dazu zu zwingen, ihm den von mir verknipsten Film auszuhändigen.

Und weil ich mich so darüber freute, setzte ich mich in mein vor dem Friedhof geparktes Auto und schoss gleich noch ein paar weitere Fotos, als die Trauergäste den Gottesacker verließen, Krause ganz unverschämt mitten unter ihnen.

Dann startete ich den Wagen und machte mich auf den Heimweg.

III.

Auf dem Weg nach Hause gab ich den Film bei einem Schnellentwickler unseres Vertrauens ab und aß, während ich auf das Ergebnis wartete, einen Krösus-Becher in einer nahegelegenen Eisdiele. Danach fuhr ich zur Villa zurück. Dort angekommen warf ich die Foto-CD, die ich gleichzeitig hatte erstellen lassen, in meinen Laptop und überspielte die von mir gemachten Fotos auf die Festplatte. Danach tat ich das Gleiche auf Lotzens Computer. Dann wartete ich auf meinen Chef, der sich aber nicht zeigte. Ich schaute auf meine Armbanduhr und stellte fest, dass es mittlerweile halb eins war, Mittagszeit also.

Ich musste nicht Philip Marlowe sein, um mir ausmalen zu können, wo Lotz steckte.

Also schaltete ich die Computer aus und ging in die Küche – und richtig, da saß Lotz, zufrieden auf einem Stück kalten Braten kauend, und starrte Löcher in die Luft.

„Na“, sagte ich. „Denken Sie nach?“

„Ich denke immer nach“, erwiderte er und ein Bröckchen Braten blieb in seinem Mundwinkel hängen.

„Äh ...“ Ich zeigte auf die Stelle.

Lotzens Zunge schoss hervor und zog das entkommene Bröckchen in seinen Mund zurück, um es endgültig in den Braten-Himmel zu befördern.

„Danke“, sagte er zwischen zwei Bissen. „Wir wollen ja nichts umkommen lassen.“

„Um Gottes Willen“, stimmte ich ihm zu. „Besonders nicht, wenn einem die Unterernährung droht. Sie haben schon einen ganz aufgequollenen Bauch.“

„Das war Sarkasmus, oder?“ fragte Lotz und hob warnend den Zeigefinger. „Ich erkenne Sarkasmus, wenn ich ihn höre.“

Ich hob die Hände, wie um mich zu ergeben. „Sie haben mich ertappt.“

Lotz lachte. „Guter Junge. Stets eine passende Antwort parat. Das schätze ich so an Ihnen.“

Ich war immer wieder erstaunt, wie milde Lotz eine gute Mahlzeit stimmen konnte.

„Das waren die Leute, die an der Beerdigung teilgenommen haben?“ fragte Lotz. Fassungslosigkeit schwang in seiner Stimme. Wir waren ins Büro zurückgekehrt und er hatte den Stapel Fotos eingehend betrachtet.

„Ja. Wieso?“

Lotz schüttelte den Kopf. „Interessant. Höchst interessant.“

„Wieso?“ fragte ich abermals. „Was ist denn an denen so ungewöhnlich, außer dass die meisten der Männer so aussehen, als würden sie zum Lachen in den Keller gehen? Aber so eine Beerdigung ist ja in der Regel auch keine allzu amüsante Angelegenheit.“

Lotz lehnte sich in seinem Sessel zurück und spießte mich mit einem Blick auf. Als er genug gespießt und wahrscheinlich auch genug gedacht hatte, sagte er: „In Ihrer Zeit als mein Assistent hatten wir noch nichts mit der organisierten Kriminalität zu tun, oder?“

Ich schüttelte den Kopf.

Er nickte weise. „Hatte ich also recht."

„Wollen Sie damit sagen, dass die Jungs auf den Fotos im organisierten Verbrechen stecken und dass Ladwig da mit drin hing?"

„So ist es. Womit sich auch Krauses Bemerkung erklärt, von der Sie mir berichtet haben."

„Welche wäre das?"

„Dass der Fall Ladwig eine Nummer zu groß für mich ist."

Nun war es an mir, fassungslos zu starren. „Wollen Sie damit sagen ...?"

Lotz winkte unwirsch ab. „Ach ... bloß weil in Krauses Fall alles eine Nummer zu groß ist, muss das schließlich nicht auf jeden anderen Menschen zutreffen."

Womit er natürlich wieder einmal maßlos übertrieb, aber daran war ich ja weiß Gott gewöhnt.

Mittlerweile hatte Lotz die Fotos wieder ergriffen und schaute sie im Schnelldurchlauf noch einmal an. Gelegentlich nahm er eines aus der Reihe und warf es auf seinen Schreibtisch. Dann winkte er mich zu sich.

„Sehen Sie", sagte er und stupste einen seiner Finger auf ein Bild, „das da ist zum Beispiel Freddy Köbler. Hat seine Hände in so ziemlich allem von Glücksspiel bis Prostitution. Der dort neben Krause" – er wies auf eine andere Aufnahme – „ist ein Kerl, dessen Namen ich nicht kenne, aber er arbeitet für Rehmann."

„*Den* Rehmann?"

Lotz nickte nachdrücklich.

Ich stieß einen leisen Pfiff aus. Rehmann kannte ich nur aus der Zeitung und ich hatte auch kein Bedürfnis, ihn persönlich kennenzulernen. Bekanntschaften mit Rehmann tendierten dazu, im Fundament eines Hauses zu enden.

„Und der hier", fuhr Lotz fort, „ist Karl Lanski. Soweit ich weiß, hängt er hauptsächlich im Drogenhandel, aber er spielt auch in den anderen Geschäftszweigen eine nicht unbedeutende Rolle. Das ist schon ein ziemlich hohes Tier."

„Holla."

„Allerdings. Sieht ganz so aus, als habe unser unschuldiges Opfer keine sonderlich weiße Weste gehabt."

„Sie glauben also, es war ein Mord unter Mitgliedern des organisierten Verbrechens?"

„So sieht es aus."

„Bandenkrieg?"

Lotz verzog das Gesicht. „Wer weiß das schon?"

Schweigen legte sich über den Raum, denn auch wenn Lotz nichts so leicht als außerhalb seiner Liga liegend betrachtete, so war mit einer solchen Verbindung doch nicht zu spaßen. Wenn er mit seiner Vermutung richtig lag, dann war dieser Fall tatsächlich ein ganz anderes Kaliber als die für uns sonst eher übliche Suche nach verschwundenen Familienjuwelen oder einem kleinen Mord unter Freunden.

Mir wurde mulmig. „Meinen Sie also nicht, dass Krause vielleicht doch recht hatte?" fragte ich.

Lotz machte eine wegwischende Handbewegung. „Das ändert gar nichts. Wir haben den Fall angefangen und nun führen wir ihn auch zu Ende. Oder haben Sie etwa Angst?"

Ich lachte, obwohl mir nicht danach zu Mute war. „Da könnten Sie recht haben."

„Gut", sagte Lotz und nickte mir beifällig zu. „Das sollten Sie auch. Angst macht vorsichtig und Vorsicht erhält einen am Leben."

Ich habe schon aufmunterndere Kalendersprüche gehört.

Zum zweiten Mal in vier Tagen bimmelte das Glöckchen an der Tür zur *Weinrebe* über mir, als ich den Laden betrat.

In der Hand trug ich einen Umschlag mit den Fotos von der Beerdigung, denn Lotz hatte mich gebeten, den Weinhändler zu fragen, ob ihm jemand darauf bekannt vorkäme. Und als ich dem Mann die Bilder nun zeigte, sagte er auch tatsächlich: „Der hier."

„Ehrlich?!" Aufgeregt beugte ich mich über den Verkaufstresen. Dann ließ ich enttäuscht den Kopf sinken. „Das ist Kommissar Krause", sagte ich.

„Ich weiß." Der Weinhändler sah mich ratlos an. „Sie haben

doch gesagt, dass ich Ihnen die Leute zeigen soll, die mir bekannt vorkommen. Kommissar Krause kenne ich."

„Das weiß ich. Von dem Mord in Ihrem Laden. Schon klar. Aber das meinte ich nicht. Es geht darum, ob Sie vielleicht eine der Personen, die ich fotografiert habe, in der Stadt gesehen haben, kurz bevor Sie die Leiche von Theo Ladwig fanden."

„Aber ich sagte Ihnen doch schon vor ein paar Tagen, dass da niemand war."

„Falsch", erwiderte ich. „Sie sagten, dass Ihnen ein Stück Wegs die Einkaufsstraße hinauf zwei Betrunkene entgegenkamen, und es ist immerhin möglich, dass die ihre Trunkenheit nur vorschützten, damit sie niemand mit der Leiche bei den Schwätzern in Zusammenhang brachte."

„Ah, als Tarnung, sozusagen", sagte unser Kanadier.

„Genau."

Der Weinmann schüttelte nachdrücklich seine Lockenpracht. „Außer dem Kommissar erkenne ich niemanden. Sorry."

„Schon gut", sagte ich. „Den Versuch war es immerhin wert."

Mein Blick wanderte in die Ferne, ohne etwas Besonderes wahrzunehmen, und ich begann mich zu fragen, wie Lotz und ich jetzt wohl weiterkommen sollten. Bevor ich mich einer Antwort jedoch auch nur nähern konnte, holte mich die Stimme des Weinhändlers in die Wirklichkeit zurück.

„War das alles?"

Ich bejahte.

„Dann muss ich Sie jetzt wohl leider aus dem Laden werfen, denn ich habe heute noch eine Menge zu tun. Gegen Mittag ist eine umfangreiche Neulieferung eingetroffen und die muss einsortiert und gelagert werden. Selbst mit Hilfe meiner Frau wird es heute verteufelt spät werden. Also nichts für ungut, aber ..." Seine Hand wies locker zur Tür und ich nickte verstehend.

„Schon klar. Dann will ich Sie nicht weiter aufhalten."

Und so winkte ich ihm zu und verschwand.

„Also nichts", brummelte Lotz, als ich unverrichteter Dinge zu ihm zurückgekehrt war. „Schade. Aber das war von vornherein ohnehin bloß ein Griff nach dem Strohhalm. Dann müssen wir eben einfach anders an die Sache herangehen."

„Und wie?"

Lotz tippte gegen seinen wuchtigen Schädel. „Damit."

Also setzten wir uns an unsere Schreibtische, stierten Muster in den Teppich und zermarterten unsere Hirne. Irgendwann merkte ich, dass mir die Augen zuzufallen begannen und ich beschloss, ein wenig Zeitung zu lesen. Vielleicht brachte mich das ja wieder in Schwung.

Aufmerksam sah ich mich um, konnte die Zeitung aber nirgends entdecken.

„Äh, Chef." Lotz tauchte aus seinen Reflexionen auf und sah mich aus unfokussierten Augen an.

„Was denn?"

„Wo sind eigentlich die *Neuen Nachrichten*?"

„Na, wo schon?" fragte er unwirsch. „Im Garten. Sie haben heute morgen vergessen, sie hereinzuholen."

Ja klar! Und er war selbstverständlich nicht in der Lage gewesen, seinen trägen Leib aus dem Sessel zu erheben, um sich die Zeitung selbst zu holen.

„Wissen Sie was?" fragte ich ungehalten.

„Sagen Sie jetzt nichts, was Ihren Arbeitsplatz gefährden könnte."

„Sie sind ein fauler Sack."

„Sehen Sie, jetzt haben Sie es getan. Betrachten Sie sich als abgemahnt und dann holen Sie das Ding."

„Unterstehen Sie sich bloß, jetzt auch noch etwas wie ‚Schön Apport' zu sagen."

„Gut. Dann hebe ich mir das für Morgen auf, damit Sie Ihre Pflichten nicht wieder vergessen." Sprach's und schloss erneut die Augen, um den inneren Dialog mit seinen grauen Zellen wieder aufzunehmen.

Ich erhob mich leise fluchend aus meinem Sessel und ging zur Haustür.

Draußen war es mittlerweile schon fast dunkel geworden. Ich

sah auf die Uhr. Beinahe halb elf. Wie die Zeit verflog, wenn man Spaß hatte.

Ich trat die Eingangsstufen hinunter und ging ein Stück den Gartenweg entlang, wobei ich meinen suchenden Blick durch den Vorgarten streifen ließ. Von der Zeitung war keine Spur zu entdecken. Kein Wunder bei diesen Lichtverhältnissen.

Ermüdet von dem Bewusstsein, wie spät es war, drehte ich mich um, um zum Haus zurückzugehen und das Außenlicht einzuschalten. Danach wäre es wahrscheinlich ein Klacks, die *Neuen Nachrichten* aufzustöbern.

Ich hatte kaum ein paar Schritte getan, als ich hinter mir ein leises Geräusch vernahm, wie von einem Zweig, auf den Jemand getreten ist. Sofort war ich wieder hellwach und wirbelte herum. Ich hatte den Kopf jedoch kaum ein oder zwei Millimeter bewegt, als etwas Schweres und Hartes gegen meinen Schädel krachte.

Jetzt wurde es richtig dunkel.

Es kann nicht lange gedauert haben, bis ich aus meiner künstlichen Nacht erwachte, denn als ich wieder zu mir kam, kniete derjenige, der mir den Schlag verpasst hatte, auf meinem Rücken und drückte mein Gesicht in das von der Hitze ausgetrocknete Gras von Lotzens vernachlässigtem englischen Rasen.

„Lasst die Finger von der Ladwig-Geschichte, hörst Du?" krächzte eine Stimme, die vielleicht nicht annähernd so unangenehm geklungen hätte, wenn sie nicht von einem Schlag gegen meinen Hinterkopf begleitet worden wäre, der meine Stirn erneut unsanft mit dem Boden kollidieren ließ. „Hast Du das kapiert? Finger weg von der Ladwig-Sache. Sag das Deinem Boss."

Die Hand schlug noch einmal zu.

„Ist das klar?"

„Er hat's kapiert", sagte eine andere Stimme, die auch ohne die sie begleitende Gewalt eisig und drohend geklungen hätte. „Auf der anderen Seite", fuhr diese zweite Männerstimme fort, „vielleicht ist er ja schwer von Begriff. Schlag ihm zur Abwechslung mal in die Nieren, damit er es sich auch ganz sicher merkt."

„Ich hab's kapiert", rief ich. „Ich hab's kapiert!"

Aber natürlich schlugen sie mich trotzdem.

Ich schrie auf und als ich damit fertig war, hörte ich Lotzens tiefes Organ durch die Nacht dringen. „Was geht hier vor? Was machen Sie da?"

Die zweite Männerstimme sagte: „Lass uns abhauen, bevor der Fettwanst auf die Idee kommt Licht zu machen und uns erkennt."

Die Zentnerlast, die bisher auf mir geruht hatte, verschwand wie von Zauberhand von meinem Rücken, und ich nutzte den so entstandenen Spielraum dazu, meine Lungen mit süßer Nachtluft zu füllen. Es war herrlich. Wenn auch noch das Pochen in Kopf und Nierengegend verschwunden wäre, hätte ich mich richtig wohl gefühlt. Andererseits waren diese mir verbliebenen Erinnerungen aber ganz nützlich, um mich auf die Beine zu bringen, denn nachdem die Nachtluft mich erfrischt hatte, brannte ich darauf, mich für das eben Erlittene zu revanchieren.

Stöhnend kam ich auf die Knie und hörte Lotz neben mir anhalten. Seine Hand legte sich um meinen Oberarm und half mir ganz auf die Füße.

„Geht's?" Sein Atem kam stoßweise. So schnell hatte er sich wohl schon ewig nicht mehr bewegt.

Ich riss mich zusammen. „Ja. Konnten Sie sehen, wer die Typen waren?"

„Nein, es war zu dunkel, um sie identifizieren zu können. Ich habe zwar eine Idee, wer es gewesen sein könnte, aber leider reichte das, was ich zu erkennen in der Lage war, nicht zu einer Bestätigung aus."

„Was meinen Sie damit, dass Sie eine Idee haben, wer es gewesen sein könnte? Was wissen Sie?"

In diesem Moment hörten wir einen Wagen ein wenig die Straße hinunter mit einer gewaltigen Explosion starten.

Eine Fehlzündung!

„Keine Zeit dafür!" drängte Lotz. „Ich befürchte ich weiß, wohin Sie unterwegs sind. Los, holen Sie den Wagen. Ich muss noch etwas aus dem Haus besorgen."

Er wandte sich um und begann auf die Villa zuzulaufen, etwas, das ich ihm gar nicht zugetraut hätte. „Nun machen Sie schon", brüllte er mir über die Schulter zu. „Sonst kommen wir womöglich zu spät!"

IV.

„Wissen Sie, wo der Weinhändler wohnt?" fragte Lotz.

„Schon, aber wenn Sie zu ihm wollen, dann stehen die Chancen in seinem Laden wahrscheinlich wesentlich besser."

Lotz blickte mich fragend an.

„Na ja, er hat Nachschub bekommen und wollte ihn heute noch einräumen."

Gereizt wedelte Lotz mit den Händen. „Ja, dann quatschen Sie nicht. Drücken Sie auf die Tube."

Als wir mit quietschenden Reifen auf dem nur für Busse zugelassenen Marktplatz zum Stehen kamen, schlug die Uhr des einsamen Turmes auf dem Kirchenplatz, der das einzige war, was der letzte Krieg von der zu ihm gehörenden Kirche übriggelassen hatte, elf Uhr nachts.

Ein paar Fußgänger starrten uns erbost an, als wir Lotzens Oldtimer in ihrem Weg stehen ließen, da eine Reihe Pylone uns die Zufahrt zum Lindenplatz, an dem der Weinladen lag, versperrten.

„Verzeihung, aber wir haben es eilig", rief Lotz ihnen zu, doch sie machten nicht den Eindruck, als würde sie das sonderlich besänftigen.

„Na, dann eben nicht", knurrte Lotz, bevor er neben mir in Laufschritt verfiel.

Trotzdem erreichte ich die *Weinrebe* wesentlich vor meinem Chef, sah jedoch gleich, dass wir den Weinmann und seine Frau hier wohl kaum antreffen würden. Neben dem Schloss der lediglich angelehnten Ladentür erblickte ich einen Haufen Glassplitter, und im Geschäftsraum sah es so aus, als habe ein kleineres Erdbeben stattgefunden. Ein paar Kartons und einzelne Weinflaschen lagen wild verstreut auf dem Fußboden und bluteten Rot- und Weißwein auf seine roh behauenen Steine.

Ich stürzte in das hintere Lager, doch auch dort war keine

Menschenseele zu erblicken. Die Hintertür zum Treppenhaus war abgeschlossen, daher lag die Vermutung nahe, dass wer auch immer im Laden gewesen war, diesen durch die Vordertür wieder verlassen hatte.

Als ich zu dieser zurückkehrte, traf ich auf Lotz, der sich schnaufend gegen den Rahmen lehnte.

„Keiner da, aber alles sieht danach aus, als habe ein Kampf stattgefunden", sagte ich. Wir machten uns auf den Rückweg zum Auto.

„Und was jetzt?" fragte ich, hatte jedoch kaum zu Ende gesprochen, als mich Lotz plötzlich an der Schulter packte.

„Hören Sie das?"

„Was meinen Sie?"

Statt einer Antwort zerrte mich Lotz auf den begrünten Kirchenplatz und schaute an dem Häuserblock empor, der sich nun vor uns erhob und weiter rechts von uns endete; dort, wo in luftigen Höhen die Galionsfigur der *Engel-Apotheke*, ein – wie könnte es anders sein – gut zweieinhalb Meter großer vergoldeter Engel, von überall her gut sichtbar über den Marktplatz und die Innenstadt wachte.

„Dort oben!"

Mein Blick folgte Lotzens ausgestrecktem Zeigefinger und unwillkürlich krampfte sich mir der Magen zusammen. Auf dem Dach des *Engel-Apotheken*-Gebäudes waren zwei dunkle Gestalten zu sehen, die augenscheinlich miteinander rangen. Eine von ihnen war trotz der Dunkelheit dank ihrer Magerkeit problemlos als unser Weinhändler zu identifizieren.

Ohne ein weiteres Wort stürzten wir beide auf das Gebäude zu. Irgendwie mussten wir den Männern folgen und auf das Dach gelangen.

Vor uns, direkt neben dem Eingang zur Apotheke, zischte eine doppelseitige Glasschiebetür immer wieder auf und zu. Der Grund dafür war leicht auszumachen. Ein neben der Tür in die Hauswand eingelassenes Schloss war halb aus der Wand herausgerissen und lose Drähte sprühten kleine Funken in die Luft. Auf diesem Weg mussten sie in das Wohnhaus gelangt sein.

Wir erreichten die Tür. Schon ein paar Sekunden später glitt sie erneut auf und wir ins Gebäude.

„Lift oder Treppe?“ fragte ich.

„Bis ganz nach oben?“ Lotz stieß ein humorloses Lachen aus. „Ich warte auf den Lift.“

„Tun Sie das“, rief ich ihm zu, bereits die ersten Stufen hinaufspringend. „Ich nehme die Treppe.“

„Genau“, schnaufte Lotz, während er den Liftknopf malträtierte. „Getrennt marschieren und gemeinsam zuschlagen.“

Ich sparte mir eine Erwiderung, da ich meinen Atem für den vor mir liegenden Aufstieg dringender brauchte. Trotzdem pfiff auch ich aus dem letzten Loch, als ich auf dem Treppenabsatz unterhalb des obersten Stockwerks ankam. Mich mit der linken Hand ans Geländer klammernd, schaute ich das letzte Treppenstück hinauf und erblickte an dessen Kopf einen hünenhaften Mann in Jeans und T-Shirt, der meine Ankunft mit zusammengekniffenen Augen beobachtete. Zu seinen Füßen sah ich die zusammengesunkene Form der Frau des Weinhändlers liegen, offenbar ohne Bewusstsein.

„Verfluchter Mistkerl“, sagte ich keuchend.

Genau in diesem Augenblick hörte ich, wie im Stockwerk über mir die Lifttüren aufglitten. Lotz, von seiner Fahrt frisch erholt und wieder im Vollbesitz seiner körperlichen Kräfte, trat ins Treppenhaus hinaus.

Er stockte kurz, um die Situation einzuschätzen, wobei seine Beurteilung des Hünen wohl ähnlich wie die meine ausfiel, denn im nächsten Augenblick stürzte er schon mit einem wütenden Aufschrei vorwärts, packte den Kerl am Schopf und schleuderte ihn gegen die Wand. Ein tönernes Schild mit den Worten „Herzlich Willkommen“, das an einer der Wohnungstüren hing, schepperte zu Boden.

„Du mieser Drecksack“, krächzte der Hüne, dessen Stimme ich als die des Mannes erkannte, der vor einer guten halben Stunde noch auf meinem Rücken gekniet und mich wiederholt geschlagen hatte. Ich kam allerdings nicht mehr dazu, ihm dies heimzuzahlen, denn schon warf sich Lotz mit seinem vollen Lebendgewicht gegen ihn, was dem Kerl die Luft mit einem Pfeifen aus dem Leib trieb.

Dann hob Lotz seine Hand, mit der er seinen fetten Schlüsselbund ergriffen hatte, und hämmerte diese verschärfte Version einer Faust seitlich gegen den Schädel des Mannes.

„Selber", konterte Lotz mit einem sogar für seine Eloquenz seltenen Geniestreich.

Mittlerweile hatte ich die Frau des Weinhändlers erreicht und schüttelte sie. Langsam kam sie zu sich.

„Wo ist Ihr Mann?"

Sie wies auf eine ausgezogene Leiter, die zu einer offenen Falltür im Dach hinaufführte.

„Dort oben. Der andere Mann, der dabei war, sagte etwas von Selbstmord."

Lotz und ich schauten zu der Falltür, dann auf Lotzens Bauchumfang.

Verschämt grinsend zuckte Lotz die Schultern. „Ich fürchte, da müssen Sie alleine durch."

Ich erwiderte sein Grinsen. „Sieht so aus."

Ohne noch mehr Zeit zu vertrödeln, stürzte ich die Leiter hinauf und sah mich wild um, entdeckte jedoch zunächst niemanden. Nur der laue Nachtwind kühlte meine noch immer schweißfeuchte Stirn.

Und dann hörte ich die Stimmen. Sie erklangen in meinem Rücken.

Sofort wandte ich meinen Kopf in ihre Richtung und erkannte, dass sich die Situation auf dem Dach nicht verändert hatte. Glücklicherweise. Etwa zehn Schritte von mir entfernt stand der Weinmann mit dem Rücken zur Dachkante direkt neben dem Engel, während ihn ein mir vom Aussehen unbekannter Mann, der ihn an den Schultern gepackt hielt, immer näher auf den Abgrund zuschob.

„Nun hör schon auf, Dich zu wehren", hörte ich den Unbekannten mit einer mir wiederum sehr bekannten kalte Stimme sagen. „Machs dir doch nicht selbst so schwer."

Der Weinhändler sagte nichts, stemmte sich nur mit aller Gewalt gegen seinen Gegner, aber ich konnte sehen, dass es nicht mehr lange dauern würde, bis er seinen Flug zum Marktplatz hinunter antreten würde. Schon kratzten seine Absätze über den Rand des Daches.

Sanft setzte ich meine Füße auf den auf das Dach gestreuten Kies. So leise es ging, ohne dafür allzu viel an Schnelligkeit zu opfern, denn die Zeit rannte uns davon, schlich ich mich auf die beiden zu, packte den Kerl mit der kalten Stimme an den Schultern und wirbelte ihn zu mir herum. Da sich seine Hände in den Weinhändler verkrallt hatten, folgte der dieser Drehbewegung und wurde von der Kante fort auf das Dach geschleudert, auf dem er mit einem lauten „Umpf!" aufschlug.

Mein Gegner stand nun direkt vor mir und starrte mir ins Gesicht. Seine Züge waren hager und scharf geschnitten, und ich wusste plötzlich, dass ich ihn doch schon einmal gesehen hatte – auf den Fotos von der Beerdigung.

Was hatte Lotz doch gleich gesagt, wie er hieß? Ach ja, ich erinnerte mich. Lanski, Karl Lanski.

Und er sah nicht so aus, als sei er ein guter Verlierer. Was er im nächsten Moment bewies, denn er packte mich an den Jackettaufschlägen, wirbelte mich seinerseits herum und stieß mich aus einer halben Drehung heraus von sich.

Wenn Sie meinen Ausführungen bisher aufmerksam gefolgt sind, dann wissen Sie, was das heißt.

Ich flog in Richtung Dachrand.

Allerdings stand noch der zweieinhalb Meter große Engel zwischen mir und einem rasanten Abstieg aus luftigen Höhen. Mit Wucht knallte ich gegen den metallenen Himmelsboten und schlang meine Arme um seinen Rumpf. Gleichzeitig hörte ich zu meinen Füßen etwas bersten und in der nächsten Sekunde stürzte ich mit der riesigen Zierfigur nach vorne und hinaus ins Leere. Es gab einen Ruck und ich rutschte ab, bekam jedoch das Kreuz, welches der Engel in seiner Rechten hielt, mit beiden Händen zu fassen, was meine Bewegung stoppte.

Irgendein Teil meines Gehirns registrierte, dass der Engel in einer Art Scharnier nach vorne gekippt war, nun im Neunzig-

Grad-Winkel wieder gehalten wurde und ich im fünften Stockwerk über dem erst vor kurzem generalsanierten Marktplatz baumelte.

Wenn ich das neue Pflaster versaue, werden mir das die Stadtväter nie verzeihen, schoss es mir wild durchs Gehirn. Verdammt, *ich* würde mir nie verzeihen.

Meine Augen irrten zum Dach. Nur nicht nach unten schauen, dachte ich.

Und da entdeckte ich Lanski, der über dem reglosen Körper des Weinhändlers stand. Er seinerseits blickte zu mir herüber, kühl und gelassen.

Dann zog er eine Pistole aus seiner Jacke und richtete sie auf mich.

9mm Browning, teilte mir der ruhige Teil meines Gehirns mit, der mich noch mit Informationen versorgte. Würde mich nicht überraschen, wenn das die Waffe ist, mit der Ladwig getötet wurde.

Wieso dachte ich eigentlich über solche Sachen nach? Ich hatte weiß Gott wichtigere Probleme!

Hilflos vom Kreuz des gefallenen Engels baumelnd sah ich, wie Lotz, gefolgt von einem sichtlich verwirrten Mann in einem gestreiften Bademantel, am Rande eines unter dem Dach liegenden Balkons auftauchte und die Situation augenblicklich erfasste. Seine Hand fuhr in die Tasche seines Jacketts und förderte, übrigens mit bemerkenswerter Schnelligkeit, ebenfalls eine Waffe hervor, den stumpfnasigen .38er Smith & Wesson, den er mir einmal zu Weihnachten geschenkt hatte, den ich jedoch, wie auch in dieser Nacht, meist zu Hause in der Villa vergaß.

Glücklicherweise hatte Lotz das nicht getan.

Noch während ich diese Beobachtungen machte, hob sich die Mündung von Lanskis Pistole unaufhörlich weiter in meine Richtung und ich brüllte Lotz zu: „Nun schießen Sie doch endlich!"

„Ich kann nicht!" schrie dieser zurück. „Der Winkel stimmt nicht. Das Dach verdeckt ihn."

Selbstverständlich hörte Lanski uns auch und ich sah seine Zähne aufleuchten, als er mir ein arktisches Lächeln schenkte. Langsam und genießerisch spannte er den Hahn der Automatik, streckte den Arm kerzengerade aus als stünde er auf dem Schießstand und nahm sich alle Zeit der Welt, um auf mich zu zielen.

Verzweifelt versuchte ich, mich am Kreuz hinauf und in eine egal wie geartete Deckung zu ziehen.

„Machs gut, Schnüffler“, sagte Lanski und in der Stille der Nacht drangen seine Worte klar zu mir herüber. Gleich war alles aus.

Da hörte ich auf einmal Lotzens Stimmc. „Fangen Sie!“

Für einen Moment abgelenkt von meinem unabänderlichen Schicksal, wandte ich ihm meinen Kopf zu.

„Was?!“ schrie ich entgeistert, als ich erkannte, was er vorhatte. Weit ausholend schwang er seine den Revolver haltende Hand.

Lanski lachte. „Zu spät.“

In diesem Augenblick schien alles auf einmal zu passieren. Lanski begann, seinen Finger um den Abzug zu krümmen und Lotz ließ den Revolver los. Gleichzeitig rappelte sich der Weinhändler auf und trat Lanski gegen das ihm am nächsten stehende Bein, was diesen aus dem Gleichgewicht brachte. Die für mich bestimmte Kugel fauchte, mich um Kilometer verfehlend, ungefährlich in die Nacht hinaus. Mein .38er beschrieb einen anmutigen Bogen, ich griff mit der linken Hand zu und fing ihn aus der Luft. Ausgerechnet. Normalerweise schaffte ich es nicht einmal, mir mit der Linken anständig in der Nase zu bohren. Lanski knallte dem Weinhändler seine Waffe gegen den Schädel und richtete sie wieder auf mich.

Doch da war es wirklich zu spät. Für ihn.

Mit dem Mut der Verzweiflung brachte ich meine Hand nach oben, zog in der gleichen Bewegung den Hahn zurück und drückte ab.

Ein rotes Wölkchen stob an Lanskis Brust auf und er begann zu wanken. Seine Waffenhand sank nach unten. Fassungslos blickte er von mir zu Lotz und wieder zurück zu mir. Unsere Augen begegneten sich. Ich hielt seinen Blick.

Heiser lachte Lanski auf.

„Verdammte Angeber“, sagte er. Dann kippte er zur Seite und vom Dach und verschwand hinter dem Geländer des Balkons, auf dem Lotz sich aufhielt.

Der Weinhändler rappelte sich auf, und er und Lotz begannen zu jubeln. Wilde Wortfetzen wehten zu mir, bis ich ihre Siegesfeier unterbrach.

„Verdammt noch mal, kann mich hier endlich mal jemand runterholen!"

Falls Sie masochistisch veranlagt sind und auf Erniedrigung stehen, kann ich Ihnen folgenden wertvollen Tipp geben: Lassen Sie sich, während Menschentrauben einen großen öffentlichen Platz verstopfen und sich die Hälse verrenken, von der Feuerwehr von einem umgestürzten Engel herunterangeln, der vom Dach eines Hauses hängt. Ich verspreche Ihnen, dass diese Aktion Ihre wildesten Phantasien befriedigen wird.

Mir war kotzübel.

Glücklicherweise lag die *Weinrebe* nur einen Steinwurf entfernt, so dass Lotz und ich sowie der Weinhändler und seine Frau schon bald zusammen mit Kommissar Krause auf den wackligen Stühlen des Ladens vor einer Schüssel Cracker hockten, alle einen kräftigen Whisky in der Hand. Sogar Krause, obwohl mir nicht klar war, womit der ihn verdient hatte.

„Was zum Teufel war denn nun eigentlich hier gerade los?" fragte der Kommissar. „Das war ja wie im Krieg."

„Das sollten Sie doch eigentlich am Besten wissen", versetzte Lotz.

Der Kommissar legte seine Stirn in fragende Falten.

„Das Meiste wissen Sie doch ohnehin schon. Sie hatten nur keine Beweise, um eine Festnahme durchzuführen."

„Ich weiß nicht, wovon Sie sprechen", sagte Krause, doch der Klang seiner Stimme strafte ihn Lügen.

„Ach Krause, das ist doch ganz einfach. Natürlich mag ich hier und da ein wenig daneben liegen, aber ich stelle mir die ganze Sache in etwas so vor: Ladwig steckte bis zum Hals im organisierten Verbrechen und arbeitete für Lanski. Als ich die auf der Beerdigung gemachten Fotos sah, wusste ich, dass eigentlich nur Lanski als Ladwigs Boss in Frage kam, denn er war der ranghöchste Kriminelle vor Ort – wenn man so will. Alle anderen rangierten eine

Stufe oder mehr unter ihm. Welchen anderen Grund hätte er also gehabt, zu Ladwigs Beerdigung zu erscheinen, als den, dass sie sich gut gekannt und zusammengearbeitet hatten. Doch zurück zur Geschichte. Ladwig war also ein Mitarbeiter Lanskis, wahrscheinlich einer seiner engsten Vertrauten. Doch das reichte ihm auf Dauer nicht. Ladwig wollte weiter nach oben. Und um das zu erreichen, bot er der Polizei, die von seinen Aufstiegsplänen selbstverständlich nichts ahnte, an, ihr seinen Chef ans Messer zu liefern. Dummerweise für Ladwig kam ihm Lanski jedoch auf die Schliche, legte Ladwig um und stellte ihn dann zur Warnung an jeden anderen, der das gleiche versuchen wollte, bei den Schwätzern ab, denn genau das war Ladwig nach Lanskis Einschätzung – ein Schwätzer. Jemand, der nicht den Mund halten konnte. Zusammen mit einem Gehilfen, dem Hünen, den Sie im *Engel-Apotheken*-Haus verhaften konnten, brachte er Ladwig zu den Schwätzern. Untersuchen sie den Wagen. Als der junge Mann hier Ladwig fand, hörte er ein Auto mit Fehlzündung starten und wegfahren. Das ist dasselbe, das sie auch heute Nacht fuhren, darauf wette ich. Sie werden mit Sicherheit noch irgendwo verwertbare Spuren, wie Blut oder Gewebe, finden können. Schauen Sie nur ordentlich nach."

„Danke", sagte Krause. „Ich kenne meinen Job."

„Das glaube ich Ihnen sofort", lenkte Lotz ein. „Und den machen Sie auch wirklich gewissenhaft."

Ich hörte, dass Lotzens Stimme in die vor Ironie triefende Lage verfiel.

„Was wollen Sie damit sagen?" fuhr ihn Krause an.

„Sie konnten nicht aufgeben, nicht wahr? Ihnen war klar, dass Lanski Ihren Informanten aus dem Verkehr gezogen hatte, aber Sie konnten es ihm nicht beweisen. Aber als Sie heute Morgen meinen Mitarbeiter bei der Beerdigung sahen, fiel Ihnen ein Weg ein, wie Sie das vielleicht doch noch bewerkstelligen konnten. Sie mischten sich unter die Trauergäste – ich habe Sie auf mehreren Fotos mit einer Vielzahl von ihnen reden sehen – und erzählten herum, dass Julius Lotz sich des Falles Theo Ladwig angenommen habe. Aufgrund meines Rufes konnten Sie davon ausgehen, dass man nun befürchten würde, dass über kurz oder lang doch noch etwas Entlarvendes ans Tageslicht dringen könnte. Und das würde Lanksi, wie Sie hofften, dazu verleiten, einen Fehler zu machen. Daher Lanskis kleine Warnung, die er meinem Mitarbeiter heute Abend zustellen ließ."

Ich warf Krause einen giftigen Blick zu, doch Lotz war noch nicht fertig.

„Darüber hinaus deuteten Sie wahrscheinlich an, dass der Zeuge doch ein bisschen mehr gesehen hatte, als in den Zeitungen erwähnt wurde", sagte er.

„Was?!" Der Weinhändler, der wie wir alle gespannt Lotzens Ausführungen gelauscht hatte, fuhr auf.

„Sie hofften, dass Lanski versuchen würde, den unliebsamen Zeugen zu beseitigen. Und dann hätten Sie ihn. Besser, ihn bei einem versuchten Verbrechen zu ertappen als gar nichts. Ist es nicht so?"

Die Art, wie Krause die Steinplatten fixierte und sich räusperte, sagte mehr als tausend Worte.

Der Weinhändler sprang auf.

Krause hob abwehrend die Hände. „Wir hatten Sie die ganze Zeit unter Beobachtung."

„Ach ja? Und wo waren Sie dann, als man meine Frau und mich auf das Dach schleppte, um einen gemeinsamen Selbstmord vorzutäuschen?"

„Wir ... die Kollegen haben ..."

„Gepennt?" fragte ich und war erstaunt über die Ruhe, mit der ich es sagte.

Krause quälte sich ein entschuldigendes Lächeln ab. „Mein Gott", sagte er schwach, „es ist Fußball-WM. Sie hatten entgegen der Anweisungen ein kleines Fernsehgerät bei sich und ..."

„Und?" fragte der Weinhändler.

„Man wird die Männer zur Verantwortung ziehen, das verspreche ich."

Das Nächste passierte so schnell, dass keiner von uns mehr Zeit hatte, zu reagieren. Im einen Augenblick stand der Weinhändler noch da, die Hände zu Fäusten geballt an seinen Seiten herunterhängend, im nächsten rammte seine Frau ihrer Fäuste in einer wunderbaren Schlagkombination gegen Krauses Kinnlade. Irgendetwas knackte und ich hoffte, dass es nicht ihre Knochen waren. Schwer atmend stand sie über dem benommen am Boden liegenden Krause.

„Sie sind so ein ..." Sie verstummte. Langsam trat ihr Mann neben sie und legte ihr eine Hand auf die Schulter.

„Dafür werden Sie bezahlen", zischte Krause. „Das ist tätlicher Angriff auf einen Beamten. Ich habe Zeugen."

Er schaute zu Lotz und mir.

„Ich habe nichts gesehen", sagte Lotz, seinen Blick unbefangen erwidernd.

Ich schaute zu den Fässern an der Wand und sagte: „Und ich habe mich gerade gefragt, was das für ein Whisky war, den wir eben getrunken haben. Ein wirklich feines Stöffchen, oder Krause?"

Diesmal funkelten Krauses Augen nicht, sie loderten. Stumm hob er den Zeigefinger und richtete ihn auf uns. Aber kein Wort kam über seine Lippen. Nach einer ganzen Weile drehte er sich um und verließ ohne noch etwas zu sagen den Laden.

„Vergessen Sie den Wagen nicht!" rief Lotz ihm hinterher. „Ich bin mir sicher, dass Sie genügend Beweise finden werden, um Lanski als den Mörder zu überführen."

Das Glöckchen über der Tür klimperte.

„Nur, dass der jetzt auch tot ist", murmelte ich und spürte dabei noch einmal, wie der Revolver in meiner Hand gebockt hatte, als ich abdrückte.

Lotz goss mein Glas voll Whisky und schob es zu mir herüber. Dann hob er seines.

„Dafür sind Sie noch am Leben. Und was sollte ich ohne Sie anfangen?"

„Das ist allerdings wahr", sagte ich. Ein schwacher Trost.

Wir stießen an und kippten das scharfe Zeug hinunter. Da fiel mir auf einmal etwas ein.

„Sagen Sie, wer bezahlt eigentlich unser Honorar?"

Lotz winkte ab. „Dieser Fall war eine Investition in die Zukunft", klärte er mich mit pompösem Unterton in der Stimme auf. „Denken Sie nur, wie sich die morgige Schlagzeile ausmachen wird: ‚Berühmter Detektiv klärt Mord an viertem Schwätzer!'"

Ich schaute ihn verständnislos an. „Welcher berühmte Detektiv?" fragte ich unschuldig und schaffte es gerade noch, den vom ihm geworfenen Crackern auszuweichen.

Jäger und Sammler

I.

Kaum ein Faktor prägt die Atmosphäre der kleinen mittelhessischen Metropole, in der mein Boss Julius Lotz und ich unserer Arbeit nachgehen, wie die Universität. Benannt nach dem bekannten Chemiker Justus Liebig, der vor über einhundertfünfzig Jahren hier wirkte, ist sie allerdings um einiges älter als der Name vermuten lässt. Tatsächlich wurde sie bereits im Jahre 1607 gegründet, was man ihr jedoch nicht ansieht, verteilt sie sich doch in mehreren campusartigen Auswüchsen aus den architektonisch gesehen verbrecherischen 1970er Jahren über das gesamte Stadtgebiet.

Nun werden Sie sich fragen: Warum erzählt er das?

Ganz einfach. Weil unser neuester Fall uns mitten in das Herz dieses seltsamen Wesens namens „Universität" führte, ein Herz, welches gut und rein, da Wissen vermittelnd, sein kann, aber auch, wie Lotz in Anlehnung an Joseph Conrad konstatierte, ein „Herz der Finsternis".

Doch ich greife vor.

Ich saß gerade, einen Kaffeebecher in der Hand, auf den Stufen zu Lotzens Villa und genoss die noch erstaunlich wärmenden Strahlen der spätherbstlichen Sonne, als eine mir bekannte schlaksige Gestalt mit recht energischem Schritt über den Gartenweg auf mich zu kam. Ich nahm noch einen weiteren Schluck, dann lächelte ich den jungen Mann an, der mich mittlerweile erreicht hatte und vor mir stehen geblieben war.

„Guten Morgen."

„Guten Morgen."

Es war der Weinhändler, dem wir in der Vergangenheit bereits mehrfach aus der Patsche geholfen hatten, da er ein ausgesprochen unglückliches Händchen für das Auffinden von Mordopfern besaß. Seit unserem letzten Zusammentreffen vor gut einem drei viertel Jahr hatte er sich nicht sehr verändert. Seine dünne Gestalt warf noch immer kaum einen Schatten.

„Sie haben doch nicht etwa ein Problem?“ erkundigte ich mich.

„Doch.“

„Eine Leiche?“ fragte ich vorsichtig.

„Schlimmer“, sagte er.

„Schlimmer als eine Leiche?“

Der Weinmann nickte. „Nun ... vielleicht jedenfalls.“

„Aha.“ Eine Zeitlang sah ich ihn wortlos an. „Ihnen ist schon klar, dass Sie in Rätseln sprechen, oder?“

„Ja.“

Langsam erhob ich mich. „Dann kommen Sie mal rein. Lotz wird sicher ganz wild darauf sein, ihre Geschichte zu hören. Ich übrigens auch.“

Mein Laptop summte und meine Finger schwebten über den Tasten, bereit, Notizen zu machen, sobald der Weinhändler zu berichten begann. Lotz hatte die Fingerspitzen unter seinen zahlreichen Kinnen zu einer Pyramide aneinandergelegt und harrte ebenfalls der Dinge, die da kommen würden. Der Weinhändler wiederum saß zurückgelehnt und nachdenklich vor sich hinstarrend in einem der Besuchersessel.

Eine Weile schwiegen wir uns alle an. Dann ging ein Ruck durch den Weinhändler, seine Gestalt straffte sich und er begann zu erzählen.

„Wie Sie vielleicht wissen, war ich nicht immer Weinhändler“, sagte er. „Was mich zunächst aus Kanada in unsere Stadt verschlug, war die Universität.“

Aha, dachte ich. Noch ein abgebrochener Student.

Doch ich hätte nicht weiter danebenliegen können.

„Ich machte hier meinen Dr. phil., danach arbeitete ich einige Zeit als wissenschaftlicher Mitarbeiter an einem der Lehrstühle des Fachbereichs Englisch. Das war zwar ein prima Job, doch da ich schon immer gern meine Nase in ein gutes Glas Wein gesteckt habe, griff ich sofort zu, als sich mir die Möglichkeit eröffnete, die *Weinrebe* zu übernehmen. Und so machte ich mein Hobby zum Beruf."

„Interessant", flüsterte Lotz.

Der Weinhändler lächelte still. „Diesen Schritt habe auch ich nie bereut, außer vielleicht im Januar jeden Jahres, wenn die Leute sich von ihren Weihnachtsausgaben erholen und kaum jemand bei mir im Laden erscheint. Doch das nur am Rande. Das Geschäft und alles, was damit zusammenhängt, macht mir nach wie vor einen Riesenspaß. Und dennoch begann ich einen Aspekt meines früheren Uni-Lebens sehr zu vermissen: das Unterrichten. Mit der Forschung sieht es anders aus, aber das Unterrichten fehlte mir wirklich."

Der Weinhändler machte eine Pause, und Lotz zog ein wenig die Augenbrauen hoch, wie er es immer tat, wenn er darauf wartete, dass jemand zum eigentlichen Punkt kam. Was der Weinhändler nun tat.

„Dies alles erzähle ich Ihnen nur, damit Sie verstehen, wie es kommt, dass ich zurzeit wieder an der Universität unterrichte." Lotz straffte sich alarmiert in seinem Sessel. „Irgendwann beschloss ich, der Uni anzubieten, einen Kurs abzuhalten. Neben meiner Tätigkeit im Weinladen selbstverständlich. Der Kurs findet nur ein paar Stunden lang an einem Nachmittag der Woche statt, ansonsten gehe ich weiter meinem üblichen Geschäft nach."

Ich sah, wie sich Lotz, der wohl schon um den Nachschub für seinen Weinkeller gefürchtet hatte, wieder entspannte.

„Das hört sich bisher ja noch nicht sonderlich problematisch an", sagte er. „Wo kommen wir denn nun ins Spiel?"

„An diesem Punkt." Der Weinhändler holte tief Luft. Sein Gesicht sah besorgt aus. „Wenn man an der Uni einen Kurs, egal welcher Art, abhält, dann ist es immer so, dass sich die Zahl der Studierenden, die zu Beginn des Semesters erscheinen, über die ersten zwei oder drei Wochen verringert, sei es, weil die Studenten einen anderen Kurs dringender zur Erfüllung ihres Studienplanes brauchen oder weil sie feststellen, dass sie einfach keine Lust auf das Thema haben. Daher kam es mir auch zunächst gar nicht ungewöhnlich vor, dass einige innerhalb dieser ersten Wochen plötzlich nicht mehr zum Unterricht auftauchten. Ich wurde erst stutzig, als ein Student, der sich sehr lebhaft an den Diskussionen beteiligt hatte, dem Seminar nach etwa einem Monat fernblieb."

„Das kommt aber doch auch vor", warf ich ein.

„Hätte ich mir ja denken können", murmelte Lotz mit einem schnellen Seitenblick zu mir.

„Zu dem ganzen Verhalten, das dieser Student vorher an den Tag gelegt hat, hätte es aber nicht gepasst", fuhr der Weinhändler, uns nicht beachtend, fort. „Glauben Sie mir. Ich kenne meine Pappenheimer. Ich habe diesen Job lange genug gemacht."

„Okay." Lotz gab durch eine Geste zu verstehen, dass er die Aussage des Weinhändlers so akzeptierte.

„Dazu kam noch", fuhr dieser fort, „dass ich mit anderen Kursteilnehmern ins Gespräch kam, die mir erzählten, auch sie hätten ihn seit einiger Zeit überhaupt nicht mehr gesehen und er sei auch anderen Veranstaltungen ferngeblieben."

„Vielleicht hatte er persönliche Probleme oder er fand, dass dieser Studiengang doch nichts für ihn sei, weshalb er ihn abbrach, um sich etwas anderem zu widmen", schlug ich vor.

„Fehlanzeige", sagte der Weinmann. „Das habe ich selbst schon überprüft. Ich habe mit Freunden von ihm und sogar mit seinen Eltern gesprochen."

„Ist das nicht eine etwas ungewöhnliche Vorgehensweise für einen Lektor, dem ein Student abhanden kommt?" fragte Lotz.

„An sich schon, aber Sie werden gleich verstehen, warum ich trotzdem so gehandelt habe. Kurz nachdem der Student *verschwand* – und ich verwende dieses Wort bewusst –, kam ich mit einem Kollegen von einem anderen Fachbereich ins Gespräch. Er ist Kunde in meinem Laden und wir unterhielten uns über die Vorkommnisse im neuen Semester, als er mir durch Zufall von einem ähnlichen gelagerten Fall in einem seiner Kurse berichtete. Das machte mich stutzig. Wieder an der Uni begann ich, mich ein wenig umzuhören, und stellte fest, dass sich auch an einem anderen Institut eine Studentin sozusagen in Luft aufgelöst hatte. Keiner weiß, was mit ihr passierte. Sie war einfach plötzlich weg."

Lotz runzelte die Brauen. „Das hört sich allerdings schon etwas bedrohlicher an. Sie wissen also mittlerweile von drei Studenten beziehungsweise Studentinnen, die verschwanden, ohne eine Spur zu hinterlassen."

„Nicht drei", sagte der Weinmann, hob eine Hand und spreizte die Finger. „Fünf, jedenfalls soweit ich das beurteilen kann."

„Fünf?!" stieß ich überrascht aus.

„Ja. Ich fand das Ganze so eigenartig, dass ich mich weiter umhörte. Auch an zwei weiteren Instituten fehlen Studenten, deren Fernbleiben man nicht erklären kann."

„Also fünf Studenten an ebenso vielen Instituten", konstatierte Lotz.

„Soweit ich weiß." Der Weinhändler verfiel in Schweigen.

Lotz sah ihn eindringlich an. „Aber Sie befürchten, dass es noch mehr sein könnten, nicht wahr?"

Der Weinmann nickte.

„Haben Sie Namen und Adressen?" erkundigte sich Lotz.

Der Weinhändler reichte ihm ein Blatt Papier. Lotz überflog es.

„Je ein Student der Anglistik und der Psychologie, eine Studentin der Orientalistik, sowie ein Jurist und eine Betriebswirtschaftlerin", murmelte er. „Das ist wirklich äußerst bunt gemischt."

„Weshalb es mich ja auch so nervös macht", sagte der Weinhändler. „Können Sie feststellen, ob es noch mehr Fälle gibt? Und was dahintersteckt?"

„Wir werden es versuchen", sagte Lotz.

„Ich kann Ihnen einen Vorschuss ...", begann der Weinhändler, doch Lotz winkte ab.

„Schauen wir erst mal, was wir herausfinden können. Wenn wirklich eine schmutzige Geschichte dahintersteckt, dann bin ich sicher, dass die Uni die Rechnung gerne übernehmen wird."

Der Weinhändler grinste freudlos. „Da kennen Sie die aber schlecht."

***

Kurz darauf verabschiedete sich der Weinhändler und ich brachte ihn zur Tür. Als ich ins Büro zurückkehrte, saß Lotz, in Gedanken versunken, in seinem Schreibtischsessel und starrte in den Garten hinaus. Ich weiß nicht, ob ihm die rauschenden Blätter der direkt vor dem Fenster wachsenden Buche hilfreiche Hinweise gaben. Wenn es so war, teilte er sie mir jedenfalls nicht mit.

Nach einer Weile beschloss ich, mich meinen eigenen Recherchen zu widmen. Ich loggte mich ins Internet ein und überflog die Nachrichten der beiden örtlichen Zeitungen seit Beginn des Semesters. Schon bald wurde ich fündig. Die *Neuen Nachrichten* berichteten von einer Politikstudentin, die kurz nach Beginn des Wintersemesters nicht mehr von der Uni nach Hause zurückgekehrt war. Zwar hatte sich die Polizei des Falles angenommen, doch waren deren Untersuchungen, wie ich späteren Berichten entnahm, ergebnislos verlaufen. Die junge Frau war und blieb verschwunden.

Ich druckte die entsprechenden Artikel aus und legte sie wortlos auf Lotzens Schreibtisch.

Zu den Studentinnen und Studenten, deren Namen der Weinhändler uns gegeben hatte, fand ich nichts, selbst als ich meinen Suchradius ausweitete. Dennoch hatte das Ganze uns etwas gebracht. Jetzt waren nicht nur fünf, sondern bereits sechs Institute von dem unerklärlichen Studentenschwund betroffen. Das konnte ja heiter werden.

Irgendwann tauchte Lotz aus dem Tauchgang in seine Gedankenwelt wieder auf. Wortlos griff er nach den Ausdrucken, las sie und drehte sich dann auf seinem Schreibtischstuhl zu mir.

„Sonst noch was?“

Ich verneinte.

„Was halten Sie davon?“

„Ich weiß nicht. Könnte blinder Alarm sein. Nicht das mit der Betriebswissenschaftlerin, aber der Rest. In Deutschland muss es Tausende von Studenten geben, die irgendwann einfach nicht mehr zu ihren Veranstaltungen gehen. Aber wenn man den Ausführungen des Weinhändlers glaubt, liegt die Sache hier ja wohl ein wenig anderes."

„So scheint es. Aber ob es wirklich so ist, sollten wir zunächst einmal herausfinden."

„Was mich beunruhigt ist die Tatsache, dass die Damen und Herren Studenten nicht nur ihren Kursen, sondern gleich ihrem ganzen Leben den Rücken gekehrt haben sollen – und dass sich dies im Fall der jungen Frau, über die die Zeitung berichtet hat, tatsächlich so verhält, steht ja wohl außer Frage."

Lotz nickte bedächtig. „Ja, das scheint, zumindest auf den ersten Blick, recht eindeutig zu sein." Er schwieg einen Moment. „Also gut. Ich möchte, dass Sie losziehen und festzustellen versuchen, ob es sich bei den anderen fünfen, deren Namen uns der Weinhändler genannt hat, tatsächlich ebenso verhält."

„Geht in Ordnung."

Als ich gegen Abend in die Villa zurückkehrte, hatten wir die Bestätigung.

Lotz nickte düster. „Das hatte ich befürchtet. Da bleibt wohl nur noch eins. Ab morgen machen Sie einen auf *Die Feuerzangenbowle* und schleusen sich an der Uni ein. Kriegen Sie heraus, ob es noch mehr Fälle gibt, die den unseren ähneln, und schauen Sie, ob Sie eine Idee bekommen, was hinter dieser Angelegenheit stecken könnte."

„Als Erstsemester gehe ich aber nicht mehr durch."

Er musterte mich kritisch. „Das zwar nicht, aber einen Hans Pfeiffer bekommen Sie allemal noch hin. Die wichtigste Voraussetzung bringen Sie ja mit. Auch Ihnen fehlt die sittliche Reife."

„Wie Sie nie müde werden, mir zu bestätigen."

Lotz grinste. „Spielen Sie denen doch einen wissenschaftlichen Mitarbeiter oder etwas Ähnliches vor. Vielleicht könnte Sie ja unser Weinhändler zwecks Glaubwürdigkeit begleiten. So, wie ihn die Sache beschäftigt, wird er das bestimmt tun."

„Solange wir uns nicht als Ehepaar ausgeben müssen", knurrte ich.

Lotz lachte dreckig. „Vielleicht ein andermal." Dann wurde er wieder ernst. „Haben Sie betreffend der Verschwundenen sonst noch etwas Interessantes herausgefunden, das uns weiterhelfen könnte?"

Ich zuckte die Achseln. „Das waren alles keine Typen, die dazu geneigt hätten, ihr normales Leben einfach so ohne weiteres hinter sich zu lassen. Keiner hatte größere Sorgen, Depressionen, Spielschulden oder Ähnliches. Okay, die Freundin des Juristen hatte sich kurz vor dessen Verschwinden von ihm getrennt, aber das ist schließlich kein Grund, ohne ein Wort nach Timbuktu auszuwandern." Ich trank einen Schluck Wasser. „Die Typen in der WG des Anglistikstudenten waren ziemlich sauer, weil sich ihr Kollege in Luft aufgelöst hat und sie nun seine Miete erst mal mitbezahlen müssen. Wenn also tatsächlich eine Straftat vorliegen sollte, werden die wohl kaum dahinter stecken."

„Hatte irgendwer Ärger mit der Polizei?"

„Ich habe mit Wennemann von der Fahndung gesprochen und der hat sich mal ein wenig umgehört. Negativ. Der Polizei liegt zwar in den meisten der Fälle, von denen wir wissen, eine Vermisstenanzeige vor, sie scheint aber, anders als wir, keine Verbindung zwischen ihnen zu vermuten."

„Sonst noch was?"

„Na ja, die Orientalistikstudentin hat eine Mitbewohnerin, die sich ziemliche Sorgen um ihre Freundin macht."

Lotz sah mich scharf an, dann sagte er mit einem amüsierten Funkeln in den Augen: „Hübsch?"

„Wer?"

„Die Mitbewohnerin."

Ich schwieg.

„Na, was nun?"

„Ja", gab ich zu.

„Und, hat Sie heute Abend etwas vor?"

Ich grinste. „Jetzt schon."

II.

Das erste, was wir bereits nach einem halben Tag Nachforschungen an der Universität herausbekamen, war, dass noch ein weiterer Student verschwunden war, diesmal aus dem Fachbereich Ökotrophologie. Auch dieser junge Mann erfüllte, wie wir im Verlauf etwas genauerer Nachforschungen erfuhren, unser Grundkriterium des spurlosen Sich-In-Luft-Auflösens ohne erkennbaren Grund.

„Aber irgendeinen Grund muss es doch geben", sagte der Weinhändler.

„Das denken Lotz und ich ebenfalls", sagte ich. „Allerdings ist zu befürchten, dass besagter Grund nicht bei den Studenten liegt."

„Sie meinen also auch, dass sie jemand entführt oder ermordet hat", sagte der Weinhändler, der unser aller unausgesprochene Vermutungen so das erste Mal in Worte fasste.

„Wohl eher entführt", erwiderte ich in der Bemühung, die Stimmung etwas aufzulockern. „Wenn sie tot wären, dann wären *Sie* bestimmt schon über die Leichen gestolpert."

Der Weinmann verzog das Gesicht zu einer gequälten Grimasse. „Das ist nur sehr bedingt komisch. Diese armen jungen Menschen."

„Sie haben ja recht", sagte ich.

Eine Weile standen wir stumm vor dem grünspanbedeckten Pferd, das die Rasenfläche vor dem Haupteingang des Philosophikum I zierte. Irgendein Witzbold hatte ihm vor unzähligen Jahren Streifen aufgemalt, so dass es aussah, wie ein aufgepumptes Zebra. Schließlich löste ich mich von dem fragwürdigen Anblick.

„Dieser Fall fängt zwar langsam an, mir auf den Magen zu schlagen, aber Hunger habe ich trotzdem", verkündete ich schließlich. „Haben Sie Ihren kleinen blauen Schlüssel dabei?"

„Meinen blauen Schlüssel?" Der Weinhändler lachte. „Sie waren wohl schon länger nicht hier, was? Den gibt es schon ewig nicht mehr."

Mit einer schwungvollen Bewegung zauberte er eine Art Kreditkarte aus seiner Tasche und hielt sie mir unter die Nase. Wie er erläuterte, ersetzte das kleine Plastikteil an der Universität mittlerweile nicht nur den von mir erwähnten blauen Schlüssel, sondern auch jegliche Barzahlung. Ohne das Ding, so fuhr er fort, liefe hier gar nichts mehr und wir hätten ein Lunchpaket gebraucht, um einen ganzen Tag an der Uni verbringen zu können, ohne dabei verhungern zu müssen.

Ich hörte ihm mehr oder weniger gebannt zu.

„Mensa oder Cafeteria?" fragte er schließlich, endlich auf den Punkt kommend.

„Warum in die Ferne schweifen?" entgegnete ich, da mein Magen in der Zwischenzeit noch lauter rumorte, und wies zu dem hinter uns liegenden Gebäude.

„Also Cafete."

„Exakt."

Und so kehrten wir ins Phil I zurück, durchquerten die betonlastige, im Halbdämmer liegende Eingangshalle und hielten auf die Cafeteria zu. Ein mitfühlender Planer hatte versucht, ihr einen fröhlichen Anstrich zu verpassen, indem er den Essbereich mit bunten Tischen und Stühlen ausgestattet hatte. Sogar eine Spielecke für die Kinder studierender Eltern war vorhanden. Trotzdem wirkte das Ganze in etwa so anheimelnd wie die Kantine des KGB.

Wir nahmen uns jeder eines der mit Käse, Salami und Ei belegten Baguettes, die wie Schneewittchen hinter ein paar gläsernen Klappen aufgebahrt dalagen, und stellten uns in die Reihe junger Wissensdurstiger, die darauf warteten, bezahlen zu können. Die beiden Damen in ihren weißen Kitteln, auf denen in großen Lettern das Wort „Studentenwerk" prangte, schienen zurzeit jedoch nicht daran interessiert zu sein, für ihren Arbeitgeber Gewinne zu erwirtschaften, denn keine von ihnen kümmerte sich um die Kasse. Stattdessen stritten sie sich.

„Du solltest sie doch wegwerfen", zischte die eine.

„Habe ich aber vergessen", erwiderte die andere nicht minder schnippisch.

„Na, klasse. Und was ist nun, wenn die Gerti die alten Brötchen wieder einsortiert hat, häh?"

Vorsichtig beäugte ich mein Baguette, doch da es keine Anstalten machte, mir ein Gespräch aufzudrängen und der Puls des einsamen Salatblattes noch einigermaßen knackig zu schlagen schien, entschied ich, dass ich wohl einen Bissen riskieren konnte. Als ich dem Weinhändler einen Blick zuwarf, erkannte ich, dass ihn wohl ähnliche Gedanken bewegten. Dennoch packte er sein Baguette fester. Auch er war nicht gewillt, an diesem Ort zu verhungern, koste es, was es wolle.

„Ja, ja", kicherte hinter mir ein dünner, hochaufgeschossener Mann Ende fünfzig, welcher mit seinem schlohweißen, wilden Haar, einem kecken Kinnbart sowie einem altmodischen Tweedanzug wie die lebende Karikatur des professoralen Typs aussah. „Servicewüste Deutschland", präzisierte er und zwinkerte mir zu. Ich erwiderte sein schalkhaftes Lächeln.

In diesem Moment opferte sich ein Student und bat unterwürfig darum, abkassiert zu werden, eine Gunst, die ihm mit einem erstaunlich rapiden Umschwung ins Freundliche gewährt wurde. Er zahlte und zog von dannen, während ihm unsere dankbaren Blicke folgten.

Auf einer Bank sitzend, mümmelten der Weinhändler und ich unsere glorifizierten Stullen und ich kam nicht umhin mich zu fragen, welch luxuriöses Mahl Lotz wohl gerade zu sich nahm.

Als ich ihm am Abend von dem Vorfall berichtete, sagte er nur: „Rumpsteak, medium, mit einer Ofenkartoffel und frischem Sauerrahm sowie einem großen Teller Salat."

„Wie viel Gramm?" fragte ich. „Und ich meine nicht den Salat."

Lotz würdigte mich keiner Antwort, schmatzte aber sichtlich zufrieden bei der Erinnerung, was darauf schließen ließ, dass das Steak beträchtlich mehr als 250 Gramm gewogen haben musste.

Am nächsten Morgen traf ich mich wieder mit dem Weinhändler.

„Wer achtet eigentlich auf ihren Laden?" fragte ich.

„Ich habe zwei Teilzeitkräfte. Die haben die Tage, an denen ich nicht da bin, unter sich aufgeteilt. Sie reißen dadurch zwar wesentlich mehr Stunden als sonst ab, aber das ist mir die Sache wert."

„Gut." Wir sahen uns an, bereit für die nächste Runde. „Na, dann wollen wir mal."

Und so ging es weiter.

Wenn dies ein Roman wäre, würde ich Ihnen jetzt in allen Einzelheiten erzählen, wie der Weinhändler und ich uns an der Uni herumtrieben, mit wem wir alles sprachen und wer für wen Liebe oder Hass empfand. Ich würde Ihnen berichten, welcher Professor ein einigermaßen verwirrendes, außeruniversitäres Interesse an Nacktschnecken hegte und welcher Mensamitarbeiter sich im Umkleideraum die Fußnägel schnitt.

Dies alles ergäbe zwar ein ausgesprochen ausführliches und sicherlich auch interessantes Sittengemälde, brächte uns aber nicht weiter, denn es hätte mit dem Fall nichts zu tun. Verschieben wir diesen Bericht also auf einen späteren Zeitpunkt und beschränken wir uns auf die für den Fall wichtigen Tatsachen.

Unsere nächsten neun oder zehn Tage an der Universität verliefen ähnlich wie der erste. Außerdem erhöhte sich die Zahl der Verschwundenen ein weiteres Mal. Diesmal hatte es eine Biologiestudentin getroffen. Neben den Untersuchungen vor Ort versuchten Lotz und ich, mehr über das Privatleben der abhanden gekommenen Studentinnen und Studenten in Erfahrung zu bringen, in der Hoffnung, dass uns dies einen Schritt weiter bringen würde, was jedoch nicht der Fall war.

„Irgendeine Gemeinsamkeit außer der Universitätszugehörigkeit muss doch zwischen ihnen bestehen", sagte ich am Abend eines langen Tages zu Lotz, als wir uns zur Lagebesprechung in unserem Büro eingefunden hatten. „Aber wenn es etwas gibt, dann haben wir es noch nicht entdeckt. Das Geschlecht der Verschwundenen stimmt nicht überein, sie studierten verschiedene Fächer, waren in unterschiedlichen Semestern und kamen auch ursprünglich aus unterschiedlichen Gegenden. Was ist es also, das wir hier übersehen?"

Es war nicht zu leugnen – ich war frustriert.

Lotz spitzte die Lippen und kreiselte auf seinem Sessel. Schließlich streckte er ein Bein aus und stoppte die Bewegung.

„Das mit den unterschiedlichen Fächern gibt mir zu denken", sagte er. „Zu Beginn nahm ich noch an, dass es sich um einen Zufall handeln könne, mittlerweile jedoch scheint mir aber gerade dieser vermeintliche Mangel an Übereinstimmung eine weitere Regelmäßigkeit zu sein. Es ist tatsächlich nie mehr als eine Person pro Fach verschwunden, das heißt es existiert keine einzige Überschneidung – was also gerade, wenn man so will, eine weitere Gemeinsamkeit außer dem Studium an derselben Universität darstellt!"

„Und was folgern Sie daraus?" fragte ich und lachte ungläubig, da der einzige Gedanke, der mir sofort dazu kam, mehr als unwahrscheinlich erschien. „Dass irgendjemand ... Studenten sammelt?"

„Sieht ganz so aus. Studentinnen und Studenten *dieser* Universität. Aus jedem Fach eine beziehungsweise einen."

Diese Erkenntnis nahm uns fürs Erste jede Lust an weiteren Erörterungen und wir verfielen in Schweigen. Bedrückt hing jeder seinen Gedanken nach. Ich kann nicht genau erklären, was es schließlich war, das mich auf die Idee brachte; Tatsache ist, dass ich mich auf einmal sagen hörte: „Ich befürchte, dass wir uns ziemlich beeilen müssen, unsere oder unseren Täter zu erwischen."

Lotz starrte mich an und wenn es mir möglich gewesen wäre, hätte ich das vermutlich selbst getan.

„Ich wollte das eigentlich auch nicht auf die lange Bank schieben", sagte er ein wenig trotzig.

„Das ist mir schon klar", erwiderte ich. „Aber was ich meinte, war etwas anderes. Wir haben doch die wahrscheinliche Reihenfolge ermittelt, in der die Studenten und Studentinnen verschwanden." Ich stand auf und begab mich zu einer Zeitleiste, die wir auf der Wandtafel erstellt hatten, die an einer der Bürowände hing und die wir gelegentlich einsetzten.

„Schauen Sie", fuhr ich fort und wies auf das Geschriebene. „Der erste, der verschwand, war der Jurist, dann folgte die BWLerin, danach die Politologiestudentin. Nummer vier war die Orientalistikstudentin, Nummer fünf der Anglist. Nummer sechs war ein Student der Psychologie, Nummer sieben eine Biologiestudentin, Nummer acht ein Ökotrophologe."

„Soll heißen?"

Ich eilte an seinen Schreibtisch, loggte uns ins Internet ein und ging auf die Homepage der Universität.

„Hier haben Sie die einzelnen Fachbereiche", sagte ich und deutete auf eine Liste.

Lotz studierte sie, verglich sie dann mit den Angaben auf der Wandtafel und stieß einen kaum hörbaren Fluch aus.

„Sie haben recht", stieß er hervor. „Unser Täter entführt die Studenten nicht fachweise sondern fach*bereichs*weise. Und das nicht nur einfach so." Ich sah ihn fragend an. Er wies auf die Tafel. „Er entführt sie sogar in der richtigen Reihenfolge. Hier!" Sein Zeigefinger stupste auf den Bildschirm. „Jura, Fachbereich 01; BWL, Fachbereich 02; Politik, 03; Orientalistik, 04; Anglistik, 05; und so weiter und so fort. Es gehören zwar jeweils noch immer eine Menge anderer Fächer zu den einzelnen Fachbereichen, wie zum Beispiel diverse Sprachen zu Fachbereich 05, zu dem auch die Anglistik zählt, doch anscheinend kommt es dem Entführer lediglich darauf an, *einen* Studierenden pro Fachbereich in seine Gewalt zu bringen."

„Fehlt nur Fachbereich 07: Mathematik und Informatik, Physik und Geographie", sagte ich.

„Der kann uns auch bei der Suche einfach durch die Lappen gegangen sein. Schließlich haben wir bisher nicht nach einer besonderen Reihenfolge Ausschau gehalten. Aber das lässt sich sicher schnell klären."

„Ich werde mich gleich darum kümmern", sagte ich, doch in diesem Augenblick schellte es an der Haustür. Es war der Weinhändler.

„Störe ich?"

„Nein. Kommen Sie herein", sagte ich kurz angebunden. Mein Kopf schwirrte immer noch von dem neuen Denkansatz, und ich versuchte die damit verbundenen Implikationen zu verstehen.

Gemeinsam kehrten wir ins Büro zurück. Ohne die dort herrschende gespannte Atmosphäre zunächst zu bemerken, ließ sich der Weinhändler auf dem Besuchersessel nieder. Schließlich sah er von einem zum anderen und runzelte die Stirn.

„Was ist denn los?"

Mit einem Kopfnicken gab mir Lotz zu verstehen, dass ich unserem Gast zunächst einmal etwas Hochprozentiges einschenken sollte, da er unter den gegebenen Umständen wohl eine kleine Stärkung würde vertragen können. Also trat ich an die kleine Anrichte, die Lotzens Notvorrat an medizinischem Alkohol für professionelle Zwecke enthielt, und goss dem Weinhändler einen 25 Jahre alten schottischen Whisky ein.

„So schlimm?" fragte er.

Statt einer Antwort begann ich, unsere neuen Überlegungen für ihn zusammenzufassen.

„Holy shit", stieß er aus, als ich meinen Bericht beendet hatte. „Und das glauben Sie wirklich?"

Lotz lächelte müde. „Wenn Sie eine bessere Idee haben, bin ich gerne bereit, sie mir anzuhören."

Der Weinhändler schwieg.

„So verrückt es klingt", sagte er nach einer Weile, „aber ich glaube, Sie könnten recht haben. Nur, wer sollte so etwas völlig Durchgeknalltes tun? Und aus welchem Grund?"

„Das ist die Eine-Million-Euro-Frage."

„Wissen Sie was", bemerkte der Weinhändler, nippte an seinem Glas und begann leise, aber nicht sonderlich amüsiert, vor sich hinzukichern. „Das erinnert mich irgendwie an ein Märchen."

Lotz legte die Stirn in Falten.

„Ja", sagte der Weinhändler. „Der Rattenfänger von Hameln."

Lotz und ich blickten ihn wortlos an. Dann begannen wir zu grinsen.

„Was ist denn?"

„Das ist eine verdammt gute Idee", sagte ich.

„Da stimme ich zu", sagte Lotz. „Ein bisschen abartig vielleicht, doch dafür sehr plastisch."

Der Weinhändler schraubte seinen Kopf zwischen Lotz und

mir hin und her. „Habe ich da gerade etwas verpasst?

„Aber ganz im Gegenteil“, strahlte Lotz.

„Wären Sie dann vielleicht so überaus freundlich, das Ganze für mich noch einmal langsam und deutlich auszuformulieren?“ forderte der Weinhändler und machte eine heftige Handbewegung, die ein paar Tropfen Whisky auf Lotzens türkischen Teppich beförderten, wo sie sich hervorragend in das Gesamtmuster einfügten. Es war Lotzens Genugtuung über den gefundenen Ansatz, von dem aus wir dem Rätsel zu Leibe rücken konnten, zuzuschreiben, dass er über das Malheur kein Wort verlor.

„Aber das ist doch ganz eindeutig, mein Lieber“, erklärte er stattdessen aufgeräumt. „Sie haben, ein bisschen verklausuliert vielleicht, ein mögliches Motiv für unseren oder unsere Täter formuliert.“

„Und das wäre?“ fragte der Weinhändler, sichtlich um Kontrolle bemüht.

Diesmal antworteten Lotz und ich fast gleichzeitig.

„Rache.“

„Rache?“

„Einer der ältesten und immer wieder gern genommenen Beweggründe für ein Verbrechen.“

„Ja, aber wer sollte sich denn an den armen Studenten rächen wollen?“

„Nicht an den Studenten“, sagte Lotz.

„An der Universität“, führte ich den Gedanken zu Ende.

„Ich verstehe.“ Die Augen des Weinhändlers begannen zu funkeln. „Irgendjemand entführt Studentinnen und Studenten, um es der Uni für irgend ein reales oder eingebildetes Unrecht heimzuzahlen. Ist es das, was Sie meinen?“

„Schöner hätte ich es auch nicht formulieren können“, sagte ich und machte mir eine Notiz auf meinem Laptop.

„Was denken Sie, was der oder die Täter mit den Entführten vorhaben?“ fragte der Weinhändler.

Lotz zuckte mit den Schultern. „Ich habe aber auch nicht die leiseste Ahnung.“

„Und was machen wir nun?“

„Nun“, sagte Lotz und beugte sich, den ganzen Körper angespannt – und das war eine Menge Körper -, über seine Schreibtischplatte, „werden wir feststellen, wer einen Grund haben könnte, sich an der Universität auf solch ausgeklügelte Weise zu rächen, und was er weiter vorhat. Und wenn wir das herausgefunden haben“, ergänzte er mit einem grimmigem Lächeln, „machen wir dem Mistkerl einen gewaltigen Strich durch die Rechnung.“

III.

Es war ein typischer Fall für das Auseinanderklaffen von Theorie und Praxis. Zwar war es verhältnismäßig einfach zu beschließen, dass wir herausfinden sollten, wer genug Grund für einen Rachefeldzug gegen die Universität als solches haben konnte; die tatsächliche Ausführung gestaltete sich dann aber doch ein wenig schwieriger.

Zunächst einmal aktivierten Lotz, der Weinhändler und ich alle möglichen Quellen, die wir im Umfeld der Universität besaßen, um eine Idee zu bekommen, wer eine solche Wut, ja, einen solchen Hass auf diese altehrwürdige Einrichtung haben könnte, dass er bisher acht Studentinnen und Studenten entführt hatte, um wer weiß was mit ihnen anzustellen. Was die Suche nach einem Motiv nicht gerade erleichterte, war die Tatsache, dass das auslösende Ereignis für den Hass an jedem beliebigen Zeitpunkt in der Vergangenheit zu finden sein konnte.

Und kaum hatte die Suche begonnen, trudelten auch schon die nächsten schlechten Nachrichten ein.

„Ich habe eben mit Dr. Brauer telefoniert“, verkündete Lotz am Mittag nach unserem abendlichen Kriegsrat. In seiner Stimme schwang echte Besorgnis mit. „Er hat sich ein wenig in den Naturwissenschaften umgehört. Dort ist tatsächlich schon vor einiger Zeit ein Physikstudent verschwunden.“

„Soviel also zu Fachbereich 07“, sagte ich.

Lotz nickte. „Außerdem passt das Datum, an dem er vom Erdboden verschluckt wurde, genau in unsere Zeitleiste.“

„Sie werden mir verzeihen, wenn ich mich nicht sonderlich darüber freue, recht behalten zu haben.“

„Das ist aber noch nicht alles", erklärte Lotz mit gerunzelter Stirn. „Anscheinend hat sich in den letzten Tagen auch noch eine Veterinärmedizinerin auf die uns mittlerweile bekannte, höchst fragwürdige Art und Weise in Luft aufgelöst. Somit gibt es jetzt bereits zehn Opfer."

„Bleibt also nur noch Fachbereich 11, Medizin", stellte ich fest.

„So ist es. Nun könnten wir selbstverständlich versuchen, den Fachbereich zu überwachen, um eine weitere Entführung zu verhindern und den Täter auf frischer Tat zu ertappen, aber das ist schon rein logistisch überhaupt nicht möglich. Selbst wenn an jeder Ecke ein Polizist stünde, wäre diese Aufgabe kaum zu erfüllen. Mit uns Dreien allein hingegen etwas erreichen zu wollen, ist absolut lachhaft."

„Und unser Täter ist auf der Zielgeraden", sagte ich.

„Mit strammen Schritten." Lotz sog seine Lungen voll Luft und stieß diese geräuschvoll wieder aus. „Lassen wir ihn also tun, was er zu tun gedenkt und finden wir endlich heraus, wer hinter dieser abartigen Geschichte steckt. Nur so haben wir überhaupt eine Chance, auch die Entführten zu finden."

Ich schauderte bei dem Gedanken, dass wir die Antworten auf all unsere Fragen zu spät erhalten könnten, doch daran durfte ich nicht denken, sonst war von vorneherein alles zum Scheitern verurteilt. Jetzt hieß es einfach, kühlen Kopf zu bewahren.

Lotz sah es wohl genauso, was er allerdings auf die ihm eigene Weise zum Ausdruck brachte. „Wenn wir den Studentensammler nicht bald identifizieren, dann prost Mahlzeit." Er machte eine bedeutungsschwangere Pause. „Was mich daran erinnert, dass ich noch nicht zu Mittag gegessen habe – und leerer Bauch studiert nicht gern." Sprach's und wollte sich gerade in Richtung Küche entfernen, als das Telefon klingelte.

Es war der Weinhändler.

Lotz kehrte an seinen Platz zurück und wir stellten die Telefone auf Konferenzschaltung.

„Ich habe mir auch so meine Gedanken über die Geschichte gemacht," sagte der Weinmann, nachdem wir ihn auf den neuesten Stand gebracht hatten.

„Und zu welchem Schluss sind Sie gekommen?“ fragte Lotz.

„Wie Sie sicher wissen, feiert die Universität in diesem Jahr ihren vierhundertsten Geburtstag. Welch bessere Möglichkeit gäbe es, sich an der Uni zu rächen, als es in solch einem Festjahr zu tun?“

„Womit zumindest die Frage, warum dies alles ausgerechnet jetzt geschieht, zum Teil geklärt wäre“, sagte ich.

Ich sah zu Lotz hinüber, auf dessen Gesicht sich ein abwesender Ausdruck gelegt hatte.

„Ist was, Chef?“ wagte ich es vorsichtig, sein Brüten zu unterbrechen.

„Vielleicht liegt hier auch ein Ansatz dafür, das eigentliche ‚Warum‘ zu ergründen“, sagte er langsam und bedächtig. „Was wäre, wenn unser Sammler nicht nur das Jahr gewählt hätte, in dem seine Tat die größtmögliche Aufmerksamkeit erregt, sondern wenn die Tat selbst bereits eine Verbindung zum Jubiläum hätte?“

„Wollen Sie damit andeuten“, sagte ich hämisch, „dass ein Bauer, dem man vor vierhundert Jahren einen Acker zur Errichtung der Uni abgeluchst hat, sich nun dafür revanchieren will, dass man ihn damals über den Tisch gezogen hat? Das halte ich dann doch für ein wenig abseitig.“

Lotz wischte meinen Versuch, die Stimmung wenigstens marginal über den Nullpunkt zu heben, mit einer ungeduldigen Handbewegung vom Tisch.

„Vielleicht fühlt sich der Studentensammler ja von der Uni im Zuge dieses vierhundertjährigen Jubiläums ungerecht behandelt“, präzisierte er. „Das würde unsere Suche nach eventuellen Gründen wenigstens auf dieses Jahr einschränken und wir müssten zunächst nicht auch noch in der weiteren Vergangenheit herumstochern.“ Er führte seine Fingerspitzen aneinander. „Suchen wir also alle unabhängig voneinander nach möglichen unerfreulichen Begebenheiten, die sich dieses Jahr in Verbindung mit der Uni zugetragen haben.“

„Das könnte aber immer noch alles Mögliche sein“, gab der Weinhändler zu bedenken.

„Stimmt", erwiderte Lotz. „Aber es ist ein Anfang. Nehmen Sie sich die Internetausgaben der *Post* vor, während ich unseren alten Stapel der *Neuen Nachrichten* durchforste. Sie" – er wandte sich an mich – „überprüfen die kleineren, wöchentlich erscheinenden Publikationen."

„Okay."

Ohne ein weiteres Wort legten wir alle auf, um uns in unsere neuen Aufgaben zu stürzen, denn es war uns allen bewusst, wie wenig Zeit wir wahrscheinlich hatten. Sogar Lotz warf sofort seinen Computer wieder an. Seinen Ausflug in die Küche hatte er einstweilen vergessen.

Wahrscheinlich war es das erste Mal, dass die in unserer Stadt erscheinenden Tageszeitungen und Wochenblätter ähnlich akribisch und doch gleichzeitig in Lichtgeschwindigkeit in Augenschein genommen wurden. Dennoch ging es schon auf den Abend zu, als Lotz sich endlich räusperte.

Mit roten Augen blickte ich von einem Stapel Zeitungen auf.

Lotz lächelte müde. „Und, wie sieht es aus?"

„Ich habe nichts gefunden außer ein paar kleinen Artikeln, die sich mit Zoff an der Uni befassten, aber die gingen nie besonders in die Tiefe – außer denen zum Thema Studiengebühren, die über alle Maßen ausführlich waren." Ich ergriff die Ausschnitte, die ich auf die Seite gelegt hatte, und winkte damit. „Wir können sie ja mit dem vergleichen, was Sie entdeckt haben." Ich zögerte. „Sie haben doch etwas entdeckt, oder?"

Lotz brummte zustimmend und wies mich an, den Weinhändler zu uns zu bitten, damit wir auch seine Funde sofort mit den unseren vergleichen konnten. Dann verdrückte er sich in die Küche, um einen Snack zu sich zu nehmen, wie er es zu nennen beliebte. Im Regelfall reicht ein Snack Lotz'scher Proportionen dazu aus, Caesars Legionen auf dem ersten gallischen Feldzug zu verköstigen. Trotzdem saß Lotz bereits eine halbe Stunde später wieder hinter seinem Schreibtisch – pünktlich, um den Weinhändler zu begrüßen, der gerade angekommen war.

Wir hielten uns nicht mit langen Vorreden auf; stattdessen

begannen wir unverzüglich unsere Vergleichssitzung. Doch auch zwei oder drei Stunden später waren wir noch immer keinen Schritt weiter gekommen. Zwar hatten wir ein gerüttelt Maß an Problemen oder Reibereien begutachtet, die in irgendeiner Form mit der Universität in Zusammenhang standen, doch nichts schien uns davon als Auslöser für eine Tat auszureichen, wie wir sie entdeckt zu haben glaubten.

Der Weinhändler hatte gerade seinen von uns zuletzt begutachteten Artikel aus der *Post* zur Seite gelegt, als Lotz eine weitere Zeitungsseite durch die Luft schwenkte.

„Worum geht es da?" erkundigte sich der Weinhändler und rieb sich die Augen.

Lotz unterdrückte ein Gähnen und fasste zusammen. „Am 19. Oktober, anlässlich der offiziellen Vierhundertjahrfeier, kam es zu einem kleinen Tumult außerhalb des Uni-Hauptgebäudes."

„Wieso?" fragte ich.

„Die Universität", erläuterte Lotz, „hatte eine Skulptur in Auftrag gegeben, eine Art symbolhafte Darstellung der Institution. Anscheinend gab es dazu eine Ausschreibung, und als nun im Rahmen des Festakts das Meisterwerk enthüllt werden sollte, erschien jemand auf der Bildfläche, der sowohl Universität als auch Künstler und Kunstwerk lauthals schmähte."

„Tja ja, die Kritiker heutzutage", sagte ich.

„Kein Kritiker", versetzte Lotz. „Jedenfalls nicht im eigentlichen Sinne. Tatsächlich handelte es sich bei dem Unzufriedenen um einen Künstler, der ebenfalls an der Ausschreibung teilgenommen, den Auftrag jedoch nicht zugesprochen bekommen hatte."

Der Weinhändler verzog zweifelnd das Gesicht. „Aber so etwas reicht doch nicht für einen Rachefeldzug aus, wie wir ihn hier wahrscheinlich vorliegen haben."

„Wenn jemand seinen Namen schon als ‚F. Karl Weiler' angibt, ist alles möglich", konterte Lotz und grinste hämisch. „Dass Leute für ihren Zweitnamen eine Initiale verwenden, kennt man ja – aber für den ersten ..."

„Ganz schön affektiert", stimmte ihm der Weinhändler zu und kicherte hysterisch, was zweifellos dem Stress zuzuschreiben war.

„Aber vielleicht schämt er sich einfach nur seines ersten Namens."

„Gibt es ein Foto von der Ein-Mann-Demo?" fragte ich. „Den Typen würde ich mir wirklich mal gerne ansehen."

„Oh ja. Der Fotograf der *Neuen Nachrichten* hat sich die Chance nicht entgehen lassen, den glorreichen Moment festzuhalten."

Lotz warf mir den Artikel zu. Ich schaute auf das Bild, das einen wild zeternden Mann mit weißer Haarpracht, altmodischem Kinnbart und Tweedanzug vor den Würdenträgern der Universität zeigte, die nicht eben amüsiert dreinschauten.

Es dauerte einen Moment, bis mein Hirn die Verbindungen herstellte, dann jedoch fiel es mir wie Schuppen aus den Haaren und ich flüsterte gedehnt: „Ach du Sch ..."

„Also jetzt noch mal", sagte Lotz und hob ruhegebietend eine seiner Pranken. „Damit ich das auch ganz richtig verstehe. Sie haben diesen Mann schon einmal gesehen?"

„Ja. An einem der ersten Tage, die wir an der Uni verbrachten, stand er hinter uns in der Schlange, als wir uns ein paar Brötchen kaufen wollten."

„Und da sind Sie sich sicher?"

Ich nickte vehement. „Absolut. Das war an dem Tag, an dem Sie Ihr leckeres Riesensteak hatten."

„Gestern?"

„Wie, gestern?" Ich funkelte ihn an. „Haben Sie etwa schon wieder ohne mich ...?"

„Das ist doch jetzt einerlei", wiegelte Lotz meine Beschwerde ab.

„Das werden wir noch sehen", knurrte ich. „Jedenfalls habe ich Ihnen damals davon erzählt. Nicht von dem Mann", schränkte ich ein, „aber von der Situation. Die Studentenwerksdamen stritten sich wegen irgendetwas herum und es ging nicht vorwärts. Und dabei sprach mich dieser Mann dort an und machte irgendeinen Witz über die Angelegenheit."

Lotz verknitterte seine Stirn. „Ging es bei dem Streit nicht um verschwundene Brötchen oder etwas Ähnliches?"

„Jetzt wo sie es sagen ... Ich glaube schon."

„Schönen Parallele, nicht wahr?" Der Weinhändler und ich sahen ihn verständnislos an. „Verschwundene Brötchen, verschwundene Studenten", erläuterte er.

„Sie meinen der Typ klaut die Brötchen an der Uni, um damit die Studenten zu verpflegen bis er ... mit ihnen tut, was auch immer er zu tun gedenkt?"

Lotz lächelte humorlos. „Eine kleine ironische Geste, die dem Täter gefallen dürfte. Sozusagen doppelte Rache. Auf diese Weise unterstützt ihn die Uni sogar noch bei seiner Tat."

„Wenn wirklich dieser F. Karl Weiler dahinter steckt", gab ich zu bedenken. „Das wissen wir schließlich nicht mit Sicherheit."

„Noch nicht", gab Lotz zu. Er schaute auf seine Uhr. „Mmh ... fast ein Uhr nachts. Welch bessere Zeit könnte es geben, um unsere Theorie zu überprüfen. Sagen Sie", fuhr er, an mich gewandt, fort, und das Jagdfieber glitzerte in seinen Augen, „haben Sie noch diese höchst illegalen Werkzeuge?"

Etwas über eine Stunde später drängten wir uns zu dritt auf der Fußmatte, die den Eingang zu F. Karl Weilers Haus zierte, welches einsam auf einer Wiese am Rande des Bergwerkswalds lag. Wir hatten die Adresse ohne Probleme mit Hilfe des Telefonbuches festgestellt und uns unverzüglich auf den Weg gemacht.

„Sind Sie sicher, dass niemand zu Hause ist?" erkundigte sich der Weinhändler nervös.

„Todsicher", bestätigte ich und drückte auf die Klingel. Im Inneren des alten Bauernhauses schrillte es, und der Weinhändler zuckte zusammen.

„Sind Sie irre?"

„Gibt es eine bessere Möglichkeit herauszufinden, ob jemand da ist?" fragte ich. Ich lächelte ihn beruhigend an. „Außerdem habe ich vor fünf Minuten, als Sie noch im Wagen warteten, schon einmal geklingelt. Da ist keiner, glauben Sie mir."

„Sind Sie beide jetzt fertig?" fuhr Lotz dazwischen. „Falls Sie es vergessen haben: die Zeit drängt."

„Ist ja okay." Ich winkte ab und wandte meine Aufmerksamkeit dem Türschloss zu.

Was soll ich sagen? Manche Leute haben ein Händchen für die Malerei, andere für Musik – ich habe ein Händchen für Türschlösser. Dieses hier hätte allerdings auch eine alte Frau mit Arthritis in unter einer Minute knacken können. Ich brauchte nicht einmal eine halbe.

„Sie haben den Beruf verfehlt", flüsterte der Weinhändler.

„Nicht wirklich", sagte Lotz. „In unserem Job braucht man diese Fertigkeiten auch hin und wieder."

„Soll das heißen, Sie machen so was öfter?"

„Kein Kommentar."

„Wenn's der Wahrheitsfindung dient", sagte ich und schob die Tür auf. „Bitte einzutreten."

Ich erspare ihnen die Einzelheiten unserer Suche. Nur soviel: im Haus fanden wir nichts. Wieder in der Diele, lächelte Lotz, trotz allem weiterhin guter Dinge, in die Runde.

„Jetzt schauen Sie mal nicht so bedrückt aus der Wäsche", sagte er aufgeräumt und legte dem Weinhändler eine Hand auf die Schulter. „Wir haben schließlich noch zwei Außengebäude, die Hinweise enthalten können."

„Toll", erwiderte der Weinhändler. „Einen alten Geräteschuppen und eine Scheune."

„Ist Ihnen denn nichts aufgefallen?" fragte Lotz. „Unser unfreiwilliger Gastgeber ist Künstler."

„Ja und?"

„Haben Sie hier irgendwo im Haus ein Atelier gesehen?"

„Ah!" Der Weinhändler begann zu strahlen. „Worauf warten wir dann noch?"

Ich schloss hinter uns ab, während meine beiden Kollegen den Geräteschuppen einer kurzen Untersuchung unterzogen. Als ich zu ihnen trat, waren sie bereits damit fertig.

„Rasenmäher, Gartenwerkzeug und solche Sachen," fasste der Weinhändler für mich das Ergebnis der Suche zusammen.

Gemeinsam überquerten wir den kleinen Hof und blieben vor

der Scheune stehen. Deren weites Tor war besser gesichert, als das Haus, und tatsächlich kosteten mich die Schlösser satte fünf Minuten Arbeit. Mit einem dramatischen „Sesam öffne dich" drehte ich meine Dietriche ein letztes Mal, dann stieß ich einen der Torflügel auf.

Wie sich herausstellte, hatte ich instinktiv genau den Ausspruch gewählt, der der Situation am angemessensten war, denn über das, was wir dort in der Scheune vorfanden, hätte sich auch Ali Baba kaum mehr freuen können.

IV.

Das Innere der Scheune beherbergte in der Tat F. Karl Weilers Atelier – und mit ihm alle Erklärungen, die wir so lange hatten entbehren müssen. Nichtsdestoweniger bedurfte es einiger Such- und Wühlarbeit, bis wir die Fakten in Händen hielten.

Zunächst jedoch standen wir vor einigen der sich noch in Arbeit befindenden sowie einer Anzahl gelagerter Kunstwerke und kamen aus dem anfänglichen Staunen nicht heraus.

„Wow", flüsterte schließlich unser kanadischer Begleiter. „Das ist wirklich ... ähm ... interessant."

„So kann man es auch ausdrücken", sagte ich.

„Ich sehe schon", sagte Lotz, „Sie verstehen nicht allzu viel von moderner Kunst."

„Also, wenn ich mich hier so umschaue", entgegnete ich und tat genau das, „trifft das wohl auch auf unseren Künstler zu."

Lotz stöhnte. „Banause." Er wandte sich einer Art Werkbank zu und begann, in ihren Schubladen zu wühlen. „Dieser F. Karl Weiler ist zwar kein weltbekannter Künstler, aber während Sie zu Hause noch nach seiner Adresse suchten, habe ich mich kurz im Netz umgeschaut; und siehe da, einen gewissen, wenn auch regional begrenzten Bekanntheitsgrad hat er tatsächlich. Bildhauerei, Malerei, Installationen – dieser Mensch tobt sich anscheinend auf so ziemlich allen Gebieten aus. Es besteht allerdings, das will ich zugeben, eine recht geteilte Ansicht über die Qualität seiner Werke, doch das ist ja bei Kunst nicht selten der Fall."

Ich schaute mich wieder um. „Warum bin ich nicht überrascht?"

Lotz schnaubte auf die ihm eigene Art und Weise. „Freuen Sie sich, mein Guter. Die meisten Kritiker scheinen sich ganz auf Ihrer Seite zu befinden." Geschäftig durchstöberte er weiter die Schubladen, bis er ein vernehmliches „Oh, das ist ja interessant!" ausstieß.

„Was ist interessant?" Ruckartig löste sich der Weinhändler aus der faszinierten Betrachtung einer lebensgroßen Statue, die den Sex zwischen zwei Amöben darstellen mochte, vielleicht aber auch das Streben nach geistiger Glückseligkeit in einer profitorientierten Spaßgesellschaft. Ich hätte auf beides nicht meine Hand verwettet.

„Ein Tage- und Arbeitsbuch", erklärte Lotz, während er höchst interessiert einen in rotes Schweinsleder gebundenen, DIN-A-4-großen Wälzer durchblätterte. „Mmh ...", machte er dabei. „M-hm."

Als der Weinhändler sich anschickte, einen längeren Fragenkatalog abzufeuern, hob ich die Hand. Schweigend standen wir neben Lotz, während dieser weiterlas und gelegentlich unverständliche Laute von sich gab.

Kaum war er damit fertig und blickte wieder auf, sah er zwei aufs äußerste gespannte Gesichter vor sich.

Stumm schaute er uns eine Zeitlang an. „Und?" fragte er dann, das Buch hochhaltend. „Neugierig?"

Auszüge aus F. Karl Weilers Arbeits- und Tagebuch:
12. Mai 2006 – Habe heute erfahren, dass die Universität eine Ausschreibung vornimmt. Bis zum 6. Juli sollen Skizzen für eine Statue vorgelegt werden, die den von der Universität vertretenen Geist sinnbildlich darstellt. Werde mich unverzüglich an die Arbeit machen.

3. Juni 2006 – Nach langem Nachdenken hatte ich endlich die Eingebung!!! Die Statue für die Universität wird mein Meisterstück, ein Werk, das all meine bisher entstandenen in den Schatten stellen wird. Erste (noch sehr grobe) Entwurfsskizzen angefertigt. Aber die Inspiration ist da!!! Wie konnte ich je daran zweifeln?!

8. Juni 2006 – Habe mit den Reinzeichnungen begonnen, damit meine Intentionen auch noch dem unfähigsten Gutachter klar werden (dies sollte zwar eigentlich kein Problem darstellen, doch die bittere Erfahrung lehrt uns anderes)! Reichlich Zeit, da Abgabe erst in ungefähr einem Monat.

Von nun an folgten tägliche Einträge, die den Fortgang der Arbeit an den Entwürfen protokollierten, ebenso wie die Überzeugung des Künstlers von seinem Werk. Dass der Gute eine ausgesprochen hohe Meinung von sich selbst hatte, war dabei nicht zu übersehen. Schließlich, am 2. Juli, reichte Weiler, voller Überzeugung von der überragenden Qualität seiner Idee, seinen Vorschlag für die Statuengruppe, die er im Sinn hatte, bei der Universität ein.

Eintrag vom 2. Juli 2006:
Es ist vollbracht! Fühle mich ausgelaugt, aber das Ergebnis war alle Mühen und Anstrengungen wert!!! Triumph!!!!!

Danach folgte eine Weile nichts mehr. Schließlich, am 7. Dezember 2006, gab es folgenden Eintrag zu lesen:

7. Dezember – Die „EXPERTEN" haben entschieden! Hah! Unfähig, alle wie sie da sind!!! Keiner versteht, worum es mir ging keiner hatte genug Verstand in seinem verbohrten Schädel doch wie sollen sie auch Kleingeister und Anhänger des Althergebrachten die sie sind ... mein einziger Trost ist, dass nun auch ich zu den verkannten Meistern gehöre ich hätte es ahnen sollen als man auch damals meinen Vorschlag für eine Skulptur vor dem Philosophikum I ablehnte und statt meiner wohldurchdachten Komposition dieses abscheuliche PFERD dort abstellte! Man stelle sich das vor: EIN PFERD!!!!!!!! Damals reagierte ich noch mit dem Ungestüm der Jugend, verwandelte den monströsen GAUL mit ein paar Strichen in ein Gespött, lebendiges Zeugnis für meinen ewigen Hohn ...

Diese neuerliche Schmähung sollen sie jedoch anders bezahlen. Und gleichzeitig wird die Welt endlich erkennen.

„Ganz schön abgedreht, der gute Karl F. ...äh ... F. Karl", sagte ich. „Jedenfalls haben wir so endlich erfahren, von wem das Pferd in ein Zebra verwandelt wurde."

„Eine Frage, die mir schon immer schlaflose Nächte bereitet hat", kommentierte Lotz ätzend. „Was mich noch mehr beunruhigt, ist allerdings die Tatsache, dass die beiden letzten Sätze, die an die lange Tirade anschließen, so verhältnismäßig ruhig klingen."

„Als hätte etwas in seinem Kopf an diesem Punkt *klick* gemacht", sagte der Weinhändler still. „Als wäre ein unsichtbarer Damm auf einmal und endgültig gebrochen."

„Ich fürchte, das haben Sie völlig richtig erkannt", bestätigte Lotz und blätterte in dem rotgebundenen Wälzer weiter. Über das Ende des Jahres 2006 und den größten Teil von 2007 verfolgten wir, wie die fixe Idee, sich an der Universität zu rächen und gleichzeitig den eigenen genialen Status aller Welt vor Augen zu führen, sich weiter festfraß. Wir lasen F. Karl Weilers Schmähreden, als er den 19. Oktober dieses Jahres beschrieb, den Tag der Skulpturenenthüllung vor dem Uni-Hauptgebäude; lasen, wie er sich schon zuvor mehr und mehr in seinen Wahn hineinsteigerte. Parallel dazu erlebten wir mit, wie ein Plan in ihm zu keimen begann, wie der Keim aufbrach und wuchs, bis F. Karl Weiler endlich, im Spätsommer dieses Jahres, zu seiner Verwirklichung ansetzte.

„Die Studenten waren nur zufällige Opfer", fasste Lotz zusammen, während wir atemlos auf die Seiten starrten. „Wichtig war nur, dass sie dem Fachbereich angehörten, der zu diesem Zeitpunkt auf Weilers Liste stand. Alles andere war eine Sache des Zufalls und der Gelegenheit. Konnte Weiler unauffällig zuschlagen und seine Opfer erwischen, dann tat er das."

„Was schätzen Sie, wie viel Zeit wir noch haben, ihm das Handwerk zu legen?" erkundigte sich der Weinhändler.

Lotz sah auf die Datumsanzeige seiner Armbanduhr. „Heute ist der 6. Dezember. Am 7. Dezember letzten Jahres erhielt Weiler seine Ablehnung von der Uni. Ich nehme stark an, dass er seine Tat am Jahrestag dieser Ablehnung auszuführen gedenkt."

„Wir haben also nur noch heute und vielleicht die kommende Nacht", konstatierte ich. „Es ist kaum anzunehmen, dass er seine große Racheaktion in den Nachtstunden ausführen wird, denn er wird sich sicher sein wollen, dass möglichst viele Menschen Zeugen seines Genies werden. Wenn wir nur wüssten, was genau er vorhat."

Denn bis zum Schluss blieb uns verborgen, worin sein Plan, jeden Fachbereich eines Studenten zu berauben, gipfeln sollte. Fest stand lediglich, dass er mit und aus ihnen sein, wie er schrieb, „ultimatives Meisterwerk erschaffen" wollte.

„Aber was ist dieses verdammte Meisterwerk?"

Lotz blätterte bis ans Ende des roten Buches, doch es fand sich kein Hinweis – keine Beschreibung, keine Skizze. Nichts.

„Lassen Sie uns die Scheune weiter absuchen", sagte mein Boss. „Es ist noch nicht einmal halb sechs Uhr morgens. Viel anderes können wir um diese Uhrzeit ohnehin nicht ausrichten."

Und so begann jeder von uns, eine andere Ecke des Ateliers abzusuchen. Lotz nahm sich Skizzenblocks vor, während der Weinhändler und ich uns den gelagerten Kunstwerken zuwandten, von denen eines vielleicht einen Rohentwurf des geplanten „Meisterwerks" darstellte, in dem elf junge Leute als Idee verarbeitet waren.

Ich befand mich gerade in einem dunklen Winkel der Scheune, als ich hinter mir ein Rascheln hörte. An das Geräusch hatte ich mich mittlerweile gewöhnt. Es rührte daher, dass der Weinhändler das Tuch von einem weiteren Kunstwerk gezogen hatte.

„Hier", hörte ich ihn mit kaum vernehmbarer, kratziger Stimme sagen.

Ich drehte mich zu ihm um und der Mund klappte mir auf.

Auch Lotz blickte von seinen Mappen und Blocks in die Höhe, und im nächsten Augenblick vernahm ich, wie er den übelsten Fluch ausstieß, den ich je seine Lippen habe verlassen hören.

Verbranntes Gummi markierte unseren Weg zum Philosophikum I.

„Er will sie an das Pferd fesseln und dann in Brand setzen?"

flüsterte der Weinhändler, wie wir alle noch immer fassungslos von dem Abgrund, in den wir in der Scheune geblickt hatten.

Lotz nickte grimmig, während ich mit zusammengebissenen Zähnen durch den grauenden Morgen raste.

Der „Entwurf", den der Weinhändler enthüllt hatte, hatte nicht viel Raum für Interpretationen gelassen. Dafür sprachen die verdrehten, vom Feuer geschwärzten Menschen aus Ton, die mit Ketten an das übrigens sehr getreu en miniature nachgebildete Pferd gefesselt gewesen waren, eine allzu deutliche Sprache. Und wie zur Krönung saß auf dem Rücken des Pferdes, ebenfalls verkohlt, ein kleines Tonmännchen, dessen wilde Haarpracht und angedeuteter Anzug keinen Zweifel daran ließen, dass der Künstler selbst Bestandteil seines Werkes zu werden gedachte.

„Auch für ihn nur posthumer Ruhm", knurrte Lotz neben mir. „Ganz, wie er in seinem Tagebuch schrieb, als es" – er warf einen Blick auf den Weinmann, der, aus dem Fenster starrend, auf der Rückbank hockte – „bei ihm *klick* machte."

„Was will er denn?" fragte ich. „Die Uni, symbolisiert durch die Studenten all ihrer Fachbereiche, dem ewigen Höllenfeuer überantworten?"

„Was auch immer er in dieser Installation sieht", sagte Lotz, dessen Stimme auf einmal gefährlich ruhig klang, „wir werden nicht zulassen, dass er sie anfertigt."

Kurz nach sieben schleuderten wir auf einen der Parkplätze vor Phil I und Uni-Bibliothek. Da es um diese Zeit noch keine Probleme gab, eine Abstellmöglichkeit für das Auto zu finden, parkten wir schon kurz darauf vor den bereits geöffneten Toren der geheiligten akademischen Hallen.

„Also gut", sagte Lotz, während er seinen umfangreichen Körper im Beifahrersitz zu uns drehte. „Nach allem, was wir erfahren haben, können wir davon ausgehen, dass sich F. Karl Weiler mit seinen Gefangenen irgendwo in diesem Gebäude versteckt hält, denn Sie haben ihn hier in der Cafeteria gesehen; außerdem verschwand dort auch die vermutliche Verpflegung für die Festgehaltenen. Irgendwelche Ideen, wo man sich selbst und elf andere Menschen vor den Augen der restlichen Uni verbergen kann?“

Ich wollte gerade einen Vorschlag machen, als der Weinhändler ein stammelndes „Da, da“ von sich gab.

„Ja, schön“, sagte Lotz. „Wunderbar, dass Sie sich auch weiterhin mit moderner Kunst befassen. Allerdings glaube ich nicht, dass uns die Dadaisten jetzt weiterhelfen können.“

„Ach, halten Sie doch die Klappe“, unterbrach ihn der Weinmann und streckte den Arm aus. „Schauen Sie sich lieber um.“

Was wir taten. Und wirklich, so unglaublich es schien, stiefelte der Gesuchte, in seinen Armen eine junge Frau stützend, durch das morgendliche Dämmerlicht auf den Haupteingang des Phil I zu. Ab und an drehte er den Kopf, wie um sich zu überzeugen, dass niemand ihnen Beachtung schenkte. Vermutlich hatte er sein letztes Opfer, denn nur darum konnte es sich bei der jungen Frau handeln, absichtlich so früh am Tag abgefangen, da um diese Tageszeit sowohl das Kidnapping als auch der Transport in sein Versteck am unauffälligsten zu bewerkstelligen war.

„Lassen Sie ihn das Gebäude betreten“, zischte Lotz. „Wir wollen nicht, dass er uns schon hier im Freien bemerkt. Wenn er einmal drin ist, wird es einfacher sein, ihn zu verfolgen.“

Ein paar Sekunden später betraten Entführer und Opfer die Haupthalle, und wir rissen die Wagentüren auf. Lotz hinter uns lassend, stürmten der Weinhändler und ich auf den Eingang zu. Durch die Glastüren konnte ich noch sehen, wie Weiler und die Studentin rechter Hand an der Cafeteria vorbeigingen und im hinteren Bereich des Gebäudes verschwanden.

„Bleiben Sie ein bisschen zurück, damit wir Lotz nicht verlieren“, wies ich den Weinhändler an. „Aber behalten Sie im Auge, wohin ich gehe, okay?“

„Alles klar.“

Damit setzten wir die Verfolgung fort. Während der Weinhändler gleichzeitig zu mir und Lotz Sichtkontakt zu halten versuchte, stürmte ich durch die Eingangshalle, zwischen Cafeteria und Kinderspielecke hindurch, umrundete, wie schon Weiler und sein Opfer, eine Ecke und folgte dem vor mir liegenden Gang bis zu einer etwa zehn Meter entfernten Glastür. Meine Hand legte sich um den Türgriff, ich drückte ihn nach unten – und knallte mit voller Wucht gegen die verschlossene Tür.

„Verdammt!“ Fluchend hielt ich mir die Nase, während der Weinhändler und Lotz um die Ecke bogen.

„Was ist?“ schnaufte Lotz wie eine Dampfwalze. „Wo ist er?“

„Keine Ahnung!“ Ich schaute mich wild um. „Sie verschwanden in diesem Gang und dann ... verschwanden sie. Die Tür da vorne ist jedenfalls verschlossen.“

„Und was ist mit denen?“ fragte der Weinhändler und wies auf drei Türen, die von dem leeren Flur abgingen, zwei zur Außenseite des Gebäudes, eine zur Innenseite.

„Diese beiden fallen flach“, keuchte Lotz. „Das sind irgendwelche Räume mit Fenstern, das heißt, sie können von draußen eingesehen werden. Die bieten kein gutes Versteck. Aber die dort ....“

Wir folgten seinem Blick zu der letzten verbleibenden Tür.

„Keller“, las der Weinhändler von einem neben ihr angebrachten Schild ab. Wir wechselten einen Blick; Worte erübrigten sich hier wohl. „Auch verschlossen“, erklärte er, als er an der Klinke rüttelte.

„Wahrscheinlich hat Weiler sich einen Schlüssel besorgt, um sich ungestört bewegen zu können.“ Lotz wandte sich zu mir und machte eine einladende Handbewegung. „Wenn Sie so freundlich wären ...“

Ich langte nach meinen Dietrichen.

Vor uns führte eine Treppe in die Tiefe. Eine ziemlich schwarze Tiefe.

„Gibt’s hier kein Licht?“ fragte der Weinhändler und tastete die Wand neben der Tür ab.

„Lassen Sie das“, schnappte Lotz und hieb ihm auf die Finger.

„Au!“

„Und machen Sie nicht so einen Lärm.“

Lotz und ich griffen nach den Taschenlampen, die wir noch von unserem Besuch bei F. Karl Weiler bei uns trugen. Der Weinmann folgte unserem Beispiel und kramte das etwas größere, unhandlichere Exemplar, das wir ihm bei der Gelegenheit geliehen hatten, aus der Innentasche seiner Jacke.

In Reih und Glied und im Gänsemarsch schlichen wir die Treppe hinunter. Vor uns zweigten vier Gänge in verschiedene Richtungen ab.

„Na super", murmelte ich. Schnell jedoch hatten wir uns getrennt und eilten jeder einen anderen Gang hinunter. In der nächsten halben Stunde bog ich um unzählige Ecken und durchleuchtete eine schier unendliche Anzahl von Heiz-, Lager- und sonstigen Räumen. Eine Spur von F. Karl Weiler und seinen Gefangenen fand ich dessen ungeachtet nicht, auch wenn ich in unregelmäßigen Abständen in der sich vor mir ausbreitenden Dunkelheit immer wieder Lichter und sich bewegende Schatten wahrzunehmen glaubte, die mich weitereilen ließen.

Ich wandte mich gerade von einem weiteren leeren Raum ab, der außer Spinnweben und toten Fliegen nicht viel zu bieten gehabt hatte, da erklang von irgendwo rechts vor mir eine laute Stimme.

Lotz!

Ich nahm einen Abzweig, der in die grobe Richtung führte, aus der der drohende Aufschrei erklungen war, und schon bald vernahm ich auch eine andere Stimme, eine, die ich nur einmal in meinem Leben gehört hatte, nämlich, als ich vor fast zwei Wochen in der Cafeteria mit F. Karl Weiler ein paar Worte gewechselt hatte.

Einen Abzweig und zwei oder drei Biegungen weiter öffnete sich das Ende des Ganges in einen weiten Raum. In ihm saßen, an die Wände geschmiedet, zehn junge Leute. An einer Wand lehnten mehrere Benzinkanister und zwischen den gefangenen Studenten schlängelten sich am Fuße eines Heizkessels Meter um Meter dicker Ketten – womit das komplette Material, das Weiler zur Fertigstellung seines Werkes benötigte, an einem Ort versammelt war. Neben dem Kessel wiederum, der, unbeeindruckt von dem Brueghel-artigen Tableau, sonor vor sich hinbrummte, standen sich Lotz und der Künstler gegenüber. Es war unschwer zu erkennen, dass sich Lotz zwischen Weiler und die Benzinkanister manövriert hatte, auf die der Künstler immer wieder sehnsüchtige Blicke warf. Mein Chef jedoch stand dort, festgemauert in der Erden, und reckte dem Mann angriffslustig sein Kinn entgegen.

„Gehen Sie zur Seite oder muss ich erst das arme Mädchen hier für Ihre Starrköpfigkeit bluten lassen?" fragte F. Karl Weiler und presste etwas, das wie ein Spatel aussah und im Schein der Taschenlampen gefährlich blitzte, gegen die Halsschlagader seines letzten Entführungsopfers. Seine Stimme jagte mir eine Gänsehaut über den Rücken; daran konnte auch der auf vollen Touren arbeitende Boiler nichts ändern. Hätte ich noch eines weiteren Beweises bedurft, dass der Mann endgültig eine Grenze in seinem Kopf überschritten hatte, die die meisten von uns nicht einmal zu sehen bekommen, der Klang seiner Stimme wäre ausreichend gewesen.

Kurzentschlossen griff ich nach meiner Waffe. Allerdings schwankte ich noch, ob ich sie auf Weilers Bein oder gleich auf seinen Kopf richten sollte.

Dummerweise musste der Künstler dies aus dem Augenwinkel wahrgenommen haben, denn sein Kopf zuckte zu mir herum, wobei die junge Frau der Bewegung folgte und damit in mein Schussfeld geriet. Augenblicklich lösten sich all meine Chancen, Weiler auszuschalten, in der verbrauchten, nach Heizöl und menschlichen Ausdünstungen riechenden Luft des Kellers auf.

„Sie können es nicht verhindern!" kreischte Weiler und begann, die Studentin von einer Seite zur anderen zu schwenken, um sowohl Lotz als auch mich im Auge behalten zu können. Gleichzeitig schob er sich langsam rückwärts auf die dunkle Öffnung eines weiteren Ganges zu. „Niemand kann es verhindern. Und das sollten Sie auch nicht. Die Wahrheit lässt sich nicht länger unterdrücken: F. Karl Weiler ist der größte ..."

„... Wahnsinnige, den diese Stadt je gesehen hat", vollendete der Weinhändler den angefangen Satz, trat aus der Schwärze des Ganges hinter dem übergeschnappten Künstler, und hieb ihm sein Monstrum von Taschenlampe über den Schädel. Dann versuchte er, die junge Frau, die gleichzeitig mit dem bewusstlosen F. Karl Weiler zusammenbrach, aufzufangen, doch sie rutschte ihm durch die Finger. Glücklicherweise dämpfte der Körper ihres Entführers ihren eigenen Aufprall auf dem rauen Boden.

„Nicht schlecht“, sagte Lotz.

„Allerdings. Okay, leichte Abzüge in der B-Note wegen der Studentin, aber sonst ...“ Ich zwinkerte dem Weinhändler zu.

Der warf seine Taschenlampe in die Luft, wo sie einen kleinen, triumphalen Salto vollführte, bevor er sie wieder auffing. „Was soll ich sagen?“ erklärte unser Kanadier aufgeräumt und grinste in die Runde der erleichtert dreinblickenden Gesichter. „Ein Mountie kriegt immer seinen Mann.“

Nach einem hektischen Tag, an dem die entführten Studentinnen und Studenten aus ihrem Verlies befreit worden waren, wir unsere Aussagen bei der Polizei gemacht hatten und F. Karl Weiler an der Statue des Pferdes vorbei, auf dem er beinahe seinen letzten Ritt angetreten hätte, in eine Grüne Minna abgeführt worden war, saßen Lotz und ich in unserem gemeinsamen Büro und streckten die Füße aus.

„Soviel also zum Thema Weiler“, sagte ich.

„Ja“, antwortete mein Boss. „Der ist erst mal bis aufs weitere im Phil III untergebracht“, womit er den Spitznamen benutzte, den der Volksmund dem psychiatrischen Krankenhaus aufgrund dessen Nähe zum universitären Phil I und II gegeben hatte.

„Und die Uni?“ fragte ich, auf das Gespräch anspielend, das mein Chef vor kurzem mit deren Präsidenten geführt hatte.

„Wird sich für unsere Mühen mehr als erkenntlich zeigen“, erklärte Lotz zufrieden.

„Hört, hört.“

„Was uns zu der Mitbewohnerin der Orientalistikstudentin bringt, die Sie so großzügig höchstselbst nach Hause gefahren haben“, sagte Lotz.

„Was soll schon mit ihr sein? Sie hat sich sehr über das wohlbehaltene Auftauchen ihrer Freundin gefreut.“

„Und hat Ihnen sicher zum Dank in den nächsten Tagen ein

weiteres Date gewährt, oder?“ Auf mein Grinsen hin schüttelte Lotz den Kopf. „Gott, Sie sind so billig.“

Ich zuckte die Achseln.

In diesem Moment klingelte es und ich erhob mich aus meinem gemütlichen Schreibtischsessel. Es war der Weinhändler. Mit einer Flasche teuren Rotweins in der Hand folgte er mir ins Büro, wo ich mich wieder in meinen Sessel plumpsen ließ. Vergnügt schwenkte der Weinhändler die Flasche und Lotz pfiff anerkennend.

„Das ist aber nicht der *Krönungswein*, oder?“ fragte er, womit er auf den Fall anspielte, bei dem wir unseren Besucher kennen gelernt hatten.

Der Weinmann lachte. „Tut mir leid, Herr Lotz, aber soviel sind selbst Sie mir nicht wert.“

Das konnte ich verstehen. Eine Flasche wie die, auf die Lotz sich bezog und die damals im Keller des Weinhändlers aufgefunden worden war, hatte auf einer Auktion in London einen Preis von 150.000 britischen Pfund erzielt.

„Schade“, versetzte Lotz, klang jedoch nicht im Mindesten enttäuscht.

„Der ist aber auch nicht schlecht“, sagte der Weinhändler und entkorkte das gute Stück. „Ist zwar nicht von der Niagara Peninsula sondern aus dem Okanogan Valley, aber ...“ Er seufzte genießerisch, während Lotzens Augen zu leuchten begannen.

Lächelnd schaute ich von einem zum anderen und schüttelte den Kopf. Dann erhob ich mich, um drei Gläser zu holen.

Bonustrack: Langfinger

„Haha“, sagte Lotz.

Ich grinste.

„Hören Sie auf damit“, knurrte mein Chef.

„Ich mache doch gar nichts.“

„Tun Sie wohl.“

„Das meinen Sie nur.“

„Ha!“

Bockig drehte er sich in seinem Sessel von mir fort. Aber was hätte ich denn tun sollen? Zugegeben, irgendwie tat es mir ja leid, aber das debile, breite Lächeln wollte einfach nicht aus meinem Gesicht verschwinden.

„Jetzt überlegen Sie doch mal“, versuchte ich es wieder. „Für diese Rolle kommt einfach nur einer von uns beiden in Frage.“

Er warf mir einen erzürnten Blick über die Schulter zu und ich wies auf eines der an der Wand hängenden Fotos. Es zeigte Lotz und mich im Rahmen einer Feierstunde zum erfolgreichen Abschluss des Regenschirmmörder-Falles.

„Sehen Sie, was ich meine?“ fragte ich.

„Die paar Gramm mehr“, brummte Lotz.

Diesmal gelang es mir nicht, es nur bei einem Grinsen zu belassen. Ich lachte lauthals los. „‚Die paar Gramm mehr‘, sagte der Pottwal zur Sardine.“

„Werden Sie ja nicht unverschämt.“

Ich zwang mich zu einem neutralen Ausdruck auf dem Gesicht. „Also ehrlich, Chef. Es ist doch nicht so schlimm ... und außerdem nur für einen Nachmittag.“

Mit einem angewiderten „Pah“ drehte sich Lotz erneut von mir fort und verschränkte die Arme vor der massigen Brust. Dann schmollte er.

Als er schließlich genug davon hatte, kreiselte er auf seinem Sessel wieder in meine Richtung.

„Also gut", brummte er. „Aber nur, weil die Bezahlung wahrhaft königlich ist." Er hob den Zeigefinger. „Und nur für diesen einen Tag."

„Klar", erwiderte ich.

Gießen, Automesse an der Ringallee. Der große Schotterplatz zwischen Landgericht und Hallenbad, auf dem sonst Richter, Anwälte und deren buntgemischte Klientel ihre Wagen abstellten, um sich in Justitias Waagschalen zu werfen, war vollgestopft mit Messezelten und Bühnen, auf denen die Autoindustrie ihre neuesten Prunkstücke den Augen der interessierten Betrachter darbot.

Hier gab es alles, von Alltagswagen für den Hausgebrauch bis zu noblen Karossen für den Herrn Generaldirektor.

Gekrönt wurde das Ganze jedoch von der Sonderausstellung eines seltenen Kunstwerks. Am Rande des Platzes, direkt an der zum Schwanenteich führenden Wiese, thronte auf einer knapp ein Meter hohen Holzplattform ein Automobil, das man sonst nur im Film zu sehen bekam: ein silbergrauer Aston Martin DB 5, Baujahr 1964 – und zwar nicht irgendein beliebiger Aston Martin sondern *der* Originalwagen, den James Bond bei seiner Jagd auf Goldfinger gefahren hatte.

„Wahnsinn", bemerkte ich, neben Herrn Aurich, einem der Organisatoren der Veranstaltung, hergehend, und steuerte auf das Nobelfahrzeug zu. „Und das ist wirklich der Echte?"

Herr Aurich, ein stämmiger Mann mittleren Alters in dunklem Anzug, schaute mich mit hochgezogener Augenbraue an. „Darüber würde ich keine Witze machen."

Ich räusperte mich. „Selbstverständlich nicht."

Mittlerweile hatten wir das Auto erreicht, und während mein Begleiter im Schatten eines lebensgroßen Michelin-Männchens und einiger bunter Wimpel stehen blieb, schwang ich mich auf die Bühne, wo ich eine Hand auf die Motorhaube der Filmlegende legte. Herr Aurich zuckte zusammen.

„Könnten Sie ...“ Mit verzerrtem Gesicht wies er auf meine Hand, und ich tat ihm den Gefallen und zog sie zurück. „Danke.“

Ich lächelte verbindlich.

„Das gute Stück ist also nur heute Nachmittag hier?“

„Ja“, bestätigte Herr Aurich. „Von jetzt bis gegen acht. So ist es mit dem Eigentümer vereinbart.“

Ich sprang von der Bühne und stürzte mich gemeinsam mit meinem Begleiter wieder ins Gedränge. Dabei warf ich einen kurzen Blick auf meine Uhr. „Also insgesamt fünf Stunden.“

Herr Aurich schnaufte und tupfte sich die Stirn unter dem rötlichen, stoppeligen Haar mit einem blütenweißen Taschentuch ab. „Das werden wohl die längsten fünf Stunden meines Lebens werden.“

„Wieso haben Sie eigentlich solch eine Angst davor, dass man versuchen wird, dieses Auto hier zu stehlen?“

„Weil es auch in der Vergangenheit schon öfter versucht worden ist. Zuletzt vor nicht einmal vier Wochen auf einer Autoschau in Frankfurt. Kurz danach beschlossen wir, den Wagen hier ebenfalls auszustellen.“ Er verzog sein rundes Gesicht zu einem verschämten Lächeln. „Das ist gute Publicity für uns. Zunächst, weil wir den original James-Bond-Wagen ausstellen und zweitens, weil er erst vor kurzem in den Schlagzeilen war.“

Ich nickte verstehend.

Aurich kramte erneut nach seinem Taschentuch. Es war ganz offensichtlich, dass er einen ziemlichen Preis für seinen Werbegag bezahlte. Aber sei es drum ...

„Nur die Tatsache, dass ein Nachtwächter unerwartet am Tatort auftauchte, rettete den Wagen“, fuhr Herr Aurich fort, „und brachte, wie ich hinzufügen möchte, dem Nachtwächter eine schwere Gehirnerschütterung und einen längeren Krankenhausaufenthalt ein, als ihn der Dieb niederschlug. Glücklicherweise hatte der Wächter da schon den Alarm ausgelöst, so dass sein Angreifer von einer Ausführung seiner Tat absah und lieber das Weite suchte. Das hätte böse enden können.“

Ich nickte.

„Das Vorgehen des Diebes war rücksichtslos“, stieß Herr Aurich hervor. „Absolut rücksichtslos.“

„Deshalb haben Sie also, zusätzlich zu Ihrer üblichen Sicherheitstruppe, meinen Boss und mich angeworben.“

„Genau. Meinen Kollegen und mir ist jede Hilfe willkommen. Und Ihr Ruf als Privatdetektive ist so hervorragend, dass unsere Versicherung mehr als glücklich war, als Sie und Ihr Chef zusagten, ebenfalls ein Auge auf den Wagen zu haben.“

Ich winkte ab, ergriff Herrn Aurich am Arm und manövrierte ihn in ein kleines Zelt, auf dem in großen Lettern „Privat“ stand und das mir durch einen Schlitz in der Zeltplane einen ungetrübten Blick auf die vielleicht fünfzehn Meter entfernt stehende Nobelkarosse bot.

Während ich einen kurzen Testblick durch den Sehschlitz warf, fragte ich den hinter mir stehenden Herrn Aurich: „Wer hat eigentlich den Schlüssel?“

„Den ...?“

„Autoschlüssel“, präzisierte ich.

„Der befindet sich im Zelt der Messeleitung in einem kleinen Stahlsafe, zu dem wiederum nur ich und meine drei Kollegen einen Schlüssel besitzen. Wieso fragen Sie?“

„Ganz einfach. Hier ist so ein Gedränge, dass ein potentieller Dieb schnell verschwinden muss, wenn er nicht gefasst werden will. Da kann er sich nicht lange damit aufhalten, den Wagen kurzzuschließen. Das Sicherste ist, den Autoschlüssel zu stehlen und schon ist alles in Butter. Rein in den Wagen, Zündung an, runter von der Bühne und ab durch die Mitte.“

Bei meiner Schilderung des potentiellen Tatvorgangs sah ich Herrn Aurich schon wieder nach seinem Taschentuch greifen.

„Keine Bange.“ Aufmunternd klopfte ich unserem Auftraggeber auf die Schulter. „Ich werde das Prachtstück nicht aus den Augen lassen – und mein Chef ist ja auch noch da.“

Die nächsten Stunden krochen vorbei wie unter Baldrian gesetzte Schnecken. Gelegentlich mischte ich mich unter das Volk und nahm die Umgebung in Augenschein, dann wieder hockte ich in dem kleinen Zelt. Von Zeit zu Zeit schneite Herr Aurich herein, um sich für eine Weile beruhigen zu lassen.

„Nichts Verdächtiges?“ fragte er jedes Mal und ich antwortete: „Nein“, woraufhin er wieder davon schwirrte.

Was hätte ich ihm auch anderes sagen sollen? Es tat sich wirklich nichts Verdächtiges. Allerdings hätte es ihn sicher nicht beruhigt, wenn ich ihn darauf hingewiesen hätte, dass Julius Lotz und ich, ganz im Gegensatz zu Herrn Aurichs Wünschen, selbstverständlich hofften, dass der Autodieb zuschlagen würde. Zweifelsohne hätte es uns auch glücklich gemacht, wenn nichts passierte, aber insgeheim zogen wir es natürlich vor, einen Verbrecher auf frischer Tat zu ertappen. Das machte die Arbeit doch irgendwie befriedigender. Überdies stand Herr Aurich mit seiner schweißtreibenden Einstellung nicht alleine da. Auch Julius Lotz liebte gute Publicity.

Als mir das Zelt wieder einmal zu warm und stickig wurde, denn die Sonne gab an diesem Tag wirklich alles, verließ ich mein Versteck und schritt erneut das umliegende Gelände ab. Der britische Luxusschlitten stand immer noch an seinem Platz. Außerdem fiel mir niemand ins Auge, der sich im Mindesten verdächtig verhielt.

Unauffällig schielte ich wieder auf meine Uhr.

19:30 Uhr. Noch eine halbe Stunde, dann würde das Sammlerstück von der Bühne gefahren und abtransportiert werden, und der Job war erledigt.

Ich zuckte die Achseln. Es sah so aus, als würde dieser Tag doch ohne einen großen Fang zu Ende gehen. Na egal, wenigstens wären Herr Aurich und die anderen Organisatoren glücklich.

Wenn in der letzten halben Stunde nicht doch noch etwas passierte ...

Ich hatte den Gedanken kaum beendet, als ich am Rand der Menge eine schnelle Bewegung wahrnahm. Ein Mann hatte sich auf das Podest geschwungen und noch während mein Gehirn mir signalisierte, dass eine über den Kopf gezogene Wollmütze mit Sehschlitzen in der Regel nichts Gutes verhieß, war er bereits an der Fahrertür des Aston Martin angelangt.

Und trotzdem jubelte tief in mir etwas. „The game is afoot", wie Sherlock Holmes gesagt hätte.

Also doch!

Während ich auf das Podium zusteuerte, ließ ich meinen Blick über die Menge gleiten und grunzte. Natürlich war keiner von Aurichs Sicherheitsleuten in der Nähe. War ja klar.

Zwei weitere schnelle Schritte trugen mich an den Rand der Bühne und ich sprang hinauf. Mittlerweile hatte der Dieb sich schon fast auf dem Fahrersitz niedergelassen.

Mit einem wütenden Schrei auf den Lippen warf ich mich nach vorne. Der Dieb wandte sich mir zu. Schlauer wäre es gewesen, den Wagen anzulassen und sich aus dem Staub zu machen. So erreichte ich ihn, ohne dass er den in seiner Linken blitzenden Autoschlüssel zum Einsatz bringen konnte.

Unsere Oberkörper kollidierten schmerzhaft und der Dieb wurde halb auf den Beifahrersitz geschleudert. Allerdings gelang es ihm, seine Beine anzuziehen, die Füße gegen meinen Brustkasten zu stemmen und mich, als er die Beine wieder streckte, aus dem Auto zu stoßen. Schnell hatte ich mich jedoch gefangen und als mein Gegner noch damit beschäftigt war, seine Gliedmaßen zu sortieren, beugte ich mich ins Wageninnere zurück und versetzte ihm einen Stoß, der ihn ganz auf der Beifahrerseite landen ließ.

Ein irrwitziger Plan hatte sich in meinem Hirn breitgemacht.

Wo war das verdammte Ding bloß?

Vor meinem inneren Auge lief eine Szene aus *Goldfinger* ab. Ich sah einen chinesischen Wächter neben Bond im Wagen sitzen, eine Waffe in der Hand, doch Bond, cool wie gewohnt, griff nach ...

... nach ...

Verdammt! Wonach griff er bloß?

Da endlich tauchte die benötigte Einstellung auf meiner inneren Kinoleinwand auf.

Meine Rechte schoss zwischen die Sitze, klappte eine Abdeckung im Knauf der Gangschaltung hoch und legte so einen breiten, roten Knopf frei.

Mein Daumen fuhr nach unten und presste den Knopf.

Die Augen des Diebes schienen aus den Sehschlitzen seiner Wollmütze zu fallen.

Ich grinste ihn an.

Dann tat der eingebaute Schleudersitz, den ich gerade ausgelöst hatte, den ihm zugedachten Job und katapultierte den Dieb durch das Dach ins Freie. Durch die Windschutzscheibe sah ich ihn einen weiten Bogen durch die Luft beschreiben. Am Ende dieses Bogens erwartete ihn ein weißes Zeltdach, welches ein geschäftstüchtiger Mitbürger über seinem Bratwurststand errichtet hatte. Dieb, Zelt und Grill verschmolzen zu einem Ganzen. Bratwürste flogen durch die Luft oder tanzten über den Boden. Das am Rande der Bühne stehende Michelin-Männchen wankte bedrohlich. Drei Security-Männer stürzten sich auf das Dieb-Zelt-Knäuel und schälten den Übeltäter heraus.

Bingo!

Ein wenig außer Puste pellte ich mich aus dem Wagen und sah mich Herrn Aurich gegenüber, der wie von allen Höllenhunden gehetzt vor mir zum Stehen kam, drei weitere Herren mit wichtigen Mienen und dunklen Anzügen hinter sich.

„Das war ... das war ...", stammelte er.

„Ich glaube, das Wort, das Sie suchen, lautet ‚genial'", erklärte ich aufgeräumt.

„Unverantwortlich!" kreischte Herr Aurich plötzlich und wies auf das Wagendach. „Wenn wir das nicht wieder in den ursprünglichen Zustand zurückversetzen können, sind wir geliefert. Das zahlt unsere Versicherung nie und nimmer."

An dieser Stelle griff das Schicksal in Form des Michelin-Männchens ein. Aus dessen anfänglichem, so planlos wirkenden Wanken, war ein äußerst zielgerichtetes Gehen geworden – oder zumindest ein zielgerichtetes Watscheln, denn die Montur regte nicht gerade zu ästhetischen Bewegungen an. Ein paar rollende Schritte trugen es zu unserer kleinen Gruppe.

Mit einem gedämpften Grunzen langte die Werbefigur nach ihrem Kopf und riss ihn sich vom Körper. Und dann sah ich endlich, nach fast fünf sonnendurchfluteten Stunden, die vertrauten

Züge meines verehrten Chefs Julius Lotz wieder vor mir. Sein Schädel hatte die Farbe eines besonders gut gesottenen Hummers und der Schweiß rann ihm in Sturzbächen von der Stirn. Schnaufend wie weiland das NDR-Maskottchen Antje sah er in die Runde und knurrte nur: „Für jemanden, der gerade einen unverschämt teuren Wagen stehlen wollte, tönen Sie hier ganz schön herum, Herr Aurich."

Der Effekt war, wie meist bei Lotz, durchschlagend. Von einer Sekunde auf die nächste sah ich mich von aufgerissenen Mündern umgeben. Aurichs war noch der aktivste, denn er klappte auf und zu, wobei er gleichzeitig unartikulierte Laute von sich gab.

„Sprachlos?" erkundigte sich Lotz hämisch.

„Nggnnnngn."

„Ah ja." Er suchte meinen Blick und wies auf Aurichs Krawatte. „Wenn Sie so freundlich wären."

Ohne so recht zu wissen, was die Krawatte mit unserem Verbrechen zu tun hatte – außer dass das Muster mit Sicherheit strafbar war – langte ich nach dem Schlips und zog Aurich damit zu uns heran.

Mit einer Geste, deren geplante Größe daran scheiterte, dass Lotzens Hände noch immer in den Michelin-Männchen-Handschuhen steckten, deutete mein Boss auf einen grauen Fleck in dem bunten Sammelsurium an Formen, die das Kleidungsstück verunzierten.

Jetzt verstand ich.

„Kitt."

„Exakt." Mein Chef strahlte.

„Ich verstehe nicht", äußerte sich einer von Aurichs Kollegen.

„Es ist Ihnen doch mit Sicherheit aufgefallen, dass der Dieb einen Nachschlüssel für den Aston Martin besaß." Wildes Nicken allerorten. „Dies nun", erklärte Lotz, erneut in Richtung von Aurichs Krawatte wedelnd, „sind Rückstände von einem Kitt, mit dem man Abdrücke von Schlüsseln machen kann. Sie pressen den Schlüssel in den Kitt, die Form prägt sich ein, man füllt sie mit Metall, et voilà ... schon hat man einen wunderbaren Nachschlüssel. Ich war die ganze Zeit über Kopfhörer mit meinem Assistenten verbunden und wurde daher Zeuge, wie Herr Aurich ihm berichtete, dass nur Sie vier die Schlüssel zu dem Safe besäßen, in dem wiederum der Schlüssel zu unserem begehrten Aston Martin lag. Ich wette, wenn Sie den Safe öffnen und den richtigen Autoschlüssel untersuchen, werden Sie auch auf ihm Rückstände von Kitt finden, denn er ist nachgemacht worden, um dem Dieb eine reibungslose Flucht zu ermöglichen, ganz, wie mein Assistent es schon für einen eventuellen Diebstahl vorhergesehen hatte. Und nur jemand, der Zugang zum Safe hatte, konnte den Autoschlüssel duplizieren. Der Einzige dieses Kreises wiederum, der Kitt an seiner Kleindung hatte, sind Sie, Herr Aurich. Damit schließt sich der Kreis."

Lotz deutete eine leichte Verbeugung an, womit er zu verstehen gab, dass die Show beendet war.

Aurich schien das nicht so zu sehen, denn mit unerwartetem Schwung drehte er sich um und rannte los.

Vielleicht hätte ich es auch anders machen können, doch das Einzige, was mir einfiel, war, Lotz einen Stoß zu geben, der ihn umkippen und die leicht abschüssige Bühne hinter dem fliehenden Aurich hinabrollen ließ. Dem Gesetz der höheren Masse folgend, holte Lotz rasend schnell auf, kugelte Aurich in die Kniekehlen und brachte ihn zuerst ins Straucheln und dann zu Fall. Mit zwei leisen Aufschreien verschwanden die beiden hinter der Bühne und landeten mit einem vernehmbaren Knirschen auf dem Kiesboden darunter.

Ich eilte meinem Boss hinterher und zog ihn auf die Beine. Zwei Leute von der Sicherheit nahmen sich Aurichs an. Der fluchte hemmungslos.

„Das hätte der Coup des Jahres werden können. Ich hätte diese Legende von einem Wagen haben können und Sie" – spie er in Richtung seiner ehemaligen Kollegen – „Ihre heißgeliebte Publicity!"

Damit wandte er sich ab und zwang seine verdatterten Wächter, ihn abzuführen.

„Der scheint ja richtig wild darauf zu sein, in Polizeigewahrsam genommen zu werden", sagte ich, bemüht meinem Chef nicht in die Augen zu sehen.

Von dem erklang nur ein donnergrollendes Knurren.

Ich starrte noch eine Weile auf meine Füße, während sich die verbleibenden Messeorganisatoren in Luft auflösten, um der befürchteten Explosion Lotzens zu entgehen, die unmittelbar bevorzustehen schien.

Schließlich seufzte ich und sah auf, bereit mich meinem Schicksal zu stellen.

Was ich sah, war Lotzens strahlendes Gesicht über dem comichaften Michelin-Körper.

Fassungslos starrte ich ihn an.

„Aber Sie sind ja ... ich meine, sind Sie gar nicht sauer?"

Lotz schnaubte.

„Wieso das denn? Ist schon lange her, dass ich soviel Spaß hatte. Und denken Sie doch an die morgige Schlagzeile, wenn über diesen Fall berichtet wird: ‚Julius Lotz – Immer wieder umwerfend!'" Er lachte ausgelassen. „So, jetzt gehe ich mich aber umziehen."

Sprach's, wandte sich um, ließ mich verdattert neben der Bühne stehen und ging in die Menge hinein, die sich wie die Wogen des Roten Meeres vor ihm teilte.

Und als ich genauer hinhörte, vernahm ich, dass er dabei das James-Bond-Thema von Monty Norman vor sich hinsummte.

Di-dadada-DAAAAA ...

Danksagung

Kein Autor, so heißt es, arbeitet in einem Vakuum. Dies ist auch bei mir der Fall. Daher möchte ich all den Menschen danken, die auf ihre jeweils eigene Art und Weise zur Entstehung und Verbreitung dieser Kurzgeschichten beigetragen haben:

Zunächst einmal geht mein ganz besonderer Dank an Marc Colavincenzo, Dr. phil. und jetziger Weinhändler (Er sieht wirklich so aus!). Wer hätte gedacht, was aus unserer unschuldigen Idee einer Krimi-Lesung in seinem Weinladen, der *Weinrebe* am Lindenplatz in Gießen, entstehen würde. Ohne sie hätten Lotz, sein Assistent und natürlich auch der Weinhändler nie das Licht der Welt erblickt, geschweige denn weitere Fälle gelöst, von denen die ersten nun den Weg zwischen diese Buchdeckel gefunden haben.

Der nächste Dank gilt meinen Eltern – meinem Vater, Hans-Werner Federspiel, dem aufmerksamen Erstleser meiner beendeten Manuskripte (Deinen Adleraugen entgeht nichts!), und meiner Mutter, Edeltrud Federspiel, die ihm während dieser wichtigen Arbeit seine Ruhe lässt, während sie darauf wartet herauszufinden, welche Verbrechen ihr Sohn jetzt wieder begangen hat – für alles!

Weiterer Dank gebührt:

Jan Schäfer, der sich immer wieder heldenhaft anbietet, meine Manuskripte durchzugehen; außerdem dafür, dass ich unsere vor Jahren auf einer schier endlosen Autobahnfahrt entstandene Idee des „vierten Schwätzers“ schließlich einfach übernommen und als Ausgangspunkt in eine Lotz-Geschichte eingesponnen habe; Marcs Ehefrau Nicole; Barbara Rinnab und Reinhard Kroh; Uwe Lischper für sein Vertrauen in meine Storys; Julia Ranniko für Ihre Artikel über Lotz & Co.; Dr. Hans-Henning Schmidt für die überregionale Verbreitung meiner Geschichten; Thomas Zwerina und Olaf Imort für ihr offenes Ohr für wüste Plots; und unseren „üblichen Verdächtigen“, den Kunden der Weinreben in Gießen und Marburg, die Marcs und meinen Lesungen der Lotz-Geschichten seit mittlerweile drei Jahren die Treue halten.

Und schließlich danke ich meiner Frau Susanne, die stets als Allererste die oft noch unfertigen Ideen ihres Mannes präsentiert bekommt und sich jede Fassung meiner Geschichten mit kritischem Interesse anhört, ohne dabei die eigene zu verlieren, sowie meiner Tochter Annika, die sich wahrscheinlich fragt, was ihr alter Paps so lange vor dem Computer treibt anstatt mit ihr zu spielen – Ihr wisst schon wofür!

Ohne Euch würde alles nur halb so viel Spaß machen!

Inhalt

Die Weinhändler-Trilogie

Kellerleichen 5

Der vierte Schwätzer 35

Jäger und Sammler 70

Bonustrack: Langfinger 106

Arnd Federspiel, geb. in Oberhausen, Studium der Rechtswissenschaften und Anglistik in Gießen – hier auch erste Veröffentlichungen von Kurzgeschichten und Comic Strips; kaufmännische und juristische Tätigkeit in New York und Los Angeles; danach Schauspielausbildung in London; seit 2002 tätig als freiberuflicher Schauspieler in Deutschland und England sowie als Übersetzer; lebt mit Frau, Tochter und einer überaktiven Phantasie im Ruhrgebiet.